Ich war noch niemals in ...

Malerische Städte in Deutschland entdecken

Julia Schattauer

Ich war noch niemals in ...

Malerische Städte in Deutschland entdecken

BRUCKMANN

Inhalt

Durch den Magen

Aktiv entdecken

Kulturelle Schätze

Sonnenverwöhnt: Skulpturen schmücken den prächtigen Garten des Kurfürstlichen Palais' in Trier (ab S. 43) – ein Muss für Rokoko-Faszinierte.

0 50 km
N
DÄNEMARK
Ostsee
Nordsee
NORDFRIESISCHE INSELN
Westerland
Flensburg
Schleswig
Kieler Bucht
FEHMARN
DARSS
HIDDENSEE
RÜGEN
Sassnitz
Binz
Sankt Peter-Ording
Friedrichstadt
Kiel
Arche Wader
Stralsund
28
Greifswald
USEDOM
HELGOLAND
Deutsche Bucht
Meldorf
Schleswig-Holstein
Lübecker Bucht
Rostock
Cuxhaven
Lübeck
12
Wismar
Mecklenburg-Vorpommern
OSTFRIESISCHE INSELN
Wilhelms-haven
1
Bremer-haven
Elbe
Stade
HAMBURG
Schwerin
Neu-brandenburg
Mecklenburgische Seenplatte
Emden
Aurich
Weser
Bremervörde
Geesthacht
Waren an der Müritz
21
Müritz
Leer
13
Lüneburg
Lüneburger Heide
Elbe
Fürstenberg/Havel
Schwedt
Oldenburg
Bremen
Oder
POLEN
NIEDER-LANDE
Niedersachsen
Aller
Dörverden
Altmark
Havelland
Meppen
Ems
Stendal
Rathenow
22
Osnabrück
Hannover
Wolfsburg
2
BERLIN
Potsdam
Rheine
23
Braun-schweig
Magdeburg
Frankfurt
Rhein
Münster
Weserbergland
Weser
Salzgitter
Brandenburg
Münsterland
Bielefeld
Sachsen-
Spree-wald
Dülmen
Nordrhein-
Goslar
3
Wernigerode
Wittenberg
Spree
Castrop-Rauxel
Paderborn
Harz
Dessau
Cottbus
15
Saale
Anhalt
Essen
Dortmund
Göttingen
14
Mülheim
34
Nuttlar
Halle
29
Leipzig
Neiße
Düsseldorf
Wuppertal
Sauerland
Nordhausen
Riesa
30
16
Leverkusen
Kassel
32
Elbe
Dresden
Görlitz
Westfalen
Erfurt
33
Naumburg
Köln
Bergisches Land
Siegen
Bad Hersfeld
4
Eisenach
Weimar
Jena
Gera
Sachsen
Sächsische Schweiz
Aachen
Marburg
5
Chemnitz
Bonn
24
Hessen
Thüringer Wald
BELGIEN
Fulda
Thüringen
Erzgebirge
Gießen
Gersfeld
Rhön
Plauen
Eifel
Koblenz
Bad Ems
25
FRANKFURT a. Main
Hof
Cochem
Jossgrund
Coburg
18
Wiesbaden
6
Mainz
Spessart
Schweinfurt
17
31
Bayreuth
Mosel
Traben-Trabach
Bamberg
Oberpfälzer Wald
LUXEM-BURG
7
Trier
Rheinland-
Darmstadt
35
Main
Würzburg
TSCHECHIEN
Worms
36
Ochsenfurt
Mettlach
Kaisers-lautern
Ludwigs-hafen
Mannheim
Heidelberg
Nürnberg
19
Saar
Saar-land
Speyer
8
Ansbach
37
Fränkische Alb
Bayrischer Wald
Saarbrücken
Pfalz
9
Baden-
Bad Bergzabern
Rhein
Heilbronn
Dinkelsbühl
Regensburg
Bayrisch Eisenstein
Karlsruhe
Donau
10
Nördlingen
Ingolstadt
Landau a. d. Isar
Deggen-dorf
Stuttgart
Bayern
Isar
Passau
FRANKREICH
Neckar
Reutlingen
Lech
Württemberg
Schwäbische Alb
Ulm
Neu-Ulm
11
Augsburg
Inn
Schwarzwald
Albstadt
Donau
Iller
20
MÜNCHEN
Freiburg im Breisgau
Ammersee
Isar
Rosenheim
Starnberger See
Kaufbeuren
Chiemsee
Konstanz
Allgäuer Alpen
Bad Tölz
26
Berchtes-gaden
Lörrach
Kempten
Bayerische Alpen
Bodensee
Lindau
Garmisch-Partenkirchen
27
Berchtesgadener Alpen
Rhein
Oberstdorf
ÖSTERREICH
SCHWEIZ
LIECHTEN-STEIN

Vorwort

Die altbekannten Straßen und Plätze gegen neue tauschen, Orte, die man nur vom Hörensagen kennt, mit eigenen Bildern und Erinnerungen versehen, einfach mal dem Alltagstrott entfliehen – kurze Auszeiten sorgen für Entdeckerlust und neuen Input. Städtetrips sind die perfekte Gelegenheit, um in kurzer Zeit noch unbekannte Orte zu entdecken. Dabei muss es gar nicht immer in die Metropolen der Welt gehen, oft sind es gerade die unbekannteren kleinen Städte, die uns am meisten überraschen.

Beim Altstadtbummel katapultieren wir uns ins Mittelalter, beim Verkosten der regionalen Spezialitäten fordern wir mitunter unseren Gaumen heraus, beim Gang ins Museum lernen wir unsere Geschichte oft von einer ganz anderen Seite kennen. Und ein Städtetrip braucht auch kein klassischer Kulturausflug sein – mit Kanu, SUP oder dem Rad kommen wir nicht selten vom Zentrum direkt in ungezähmte Wildnis.

Dieses Buch soll die Lust in uns wecken, die Reisetasche zu packen, in den Zug zu steigen und auf Streifzüge zu gehen. Mit im Gepäck: eine große Portion Neugier, denn oft verstecken sich hinter den unscheinbaren Ecken, auf die wir meist nur beim Falschabbiegen stoßen, die größten Schätze.

Ich wünsche allen Leser*innen viel Freude beim Erkunden und Sammeln von Marmeladenglas-Momenten!

Julia Schattauer

← Bambergs Altes Rathaus mitten in der Regnitz markiert die alte Herrschaftsgrenze zwischen bischöflicher Berg- und bürgerlicher Inselstadt.

Nürnbergs Altstadt lockt nicht nur mit Fachwerkhäusern, sondern unterhalb seiner mächtigen Burg auch mit gemütlichen Einkehrmöglichkeiten.

Auf Zeitreise

Unterwegs zu Meilensteinen der Geschichte

1 Maritimes Bremerhaven

Das Tor zur Neuen Welt

In Bremerhaven endete für viele ihr altbekanntes Leben, um ganz neu anzufangen: Über sieben Millionen Menschen gingen im 19. Jahrhundert hier an Bord eines Dampfers – und auf eine Reise in die Neue Welt.

Einmal umdrehen und winken – ein letzter Blick auf Bremerhaven bedeutete damals den Abschied für immer. Ab 1830 entstand in Bremerhaven der größte Auswandererhafen Kontinentaleuropas. Von hier aus verließen Millionen Deutsche ihre Heimat für eine ungewisse Zukunft in dem als vielversprechende »Neue Welt« angepriesenen Amerika. Mehr als 6000 Kilometer von der Heimat entfernt konnten einige ihr Glück finden, andere scheiterten bitter und verfluchten zeitlebens den Tag, an dem sie das Schiff bestiegen hatten. Das Deutsche Auswandererhaus widmet sich den bewegten Geschichten der Menschen, die alles auf eine Karte setzten. Dort, wo damals die Dampfer ablegten, geht es heute auf eine interaktive Zeitreise ins Jahr 1870, in dem die Reederei Norddeutsche Lloyd in Bremerhaven eine Wartehalle eröffnete. Von dieser Wartehalle startend, folgen die Museumsbesucher dem Weg der Auswanderer an Bord der Auswandererschiffe und auf die Überfahrt nach New York. Neben den Menschen, die Deutschland für eine neue Heimat hinter sich ließen, thematisiert das Auswandererhaus aber auch diejenigen, die in Deutschland Zuflucht suchten – in diesem Rahmen beleuchtet das Museum mehr als 300 Jahre Einwanderungsgeschichte anhand der Biografien von Hugenotten, Wander-, Saison- und Gastarbei-

Tipp

HAFENRUNDFAHRT

Ein Besuch in Bremerhaven wäre nicht komplett ohne eine Hafenrundfahrt. Vom Neuen Hafen geht es zu den Überseehäfen und zurück. Dabei gibt es nicht nur jede Menge Schiffe – von kleinen Booten bis zu großen Dampfern – zu sehen, sondern auch die passenden Infos dazu (hafenrundfahrt-bremerhaven.de).

→ Entlang des 8. Längengrads geht es im Klimahaus auf Weltreise durch fünf Kontinente und ihre unterschiedlichen Klimazonen.

tern, aber auch von Geflüchteten und Heimatvertriebenen.
Das Auswandererhaus ist nur eine der zahlreichen Attraktionen, die sich an den Havenwelten als Museumsmeile aneinanderreihen. Sicher kein Geheimtipp, aber eine große Empfehlung ist das Klimahaus. Wer beim Stichwort Museum an ein Ausstellungshaus mit verstaubten Vitrinen denkt, wird hier eines Besseren belehrt: Entlang des 8. Längengrads geht es im Klimahaus auf Weltreise durch fünf Kontinente und deren unterschiedliche Klimazonen – und das mit allen Sinnen. Von trocken-heißen Wüsten bis zu den knackig kalten Minusgraden der Arktis erleben Besucher die Klimazonen am eigenen Leib. Hitze, Dürre, Stürme, Kälte und das Schmelzen der Gletscher – um über all die Herausforderungen, die das Klima mit sich bringt, zu informieren, lässt das Klimahaus die Menschen, die an diesen Orten leben, zu Wort kommen. Ein lebendiges Museum, das nicht zeitgemäßer sein könnte.

»Bremerhaven? ›Meer‹ als nur ein Vorort von Bremen!«

Und ist der Wissensdurst noch nicht gestillt, findet man an der Promenade der Havenwelten auch das Deutsche Schifffahrtsmuseum. Mehr als 500 Schiffe und Schiffsmodelle beleuchten die Geschichte der Schifffahrt auf anschauliche Art und Weise. Dabei spannt sich der Bogen von den Auswandererschiffen bis zum Walfänger. Im Museumshafen liegt auch das U-Boot »Wilhelm Bauer« aus dem Zweiten Weltkrieg, das besichtigt werden kann. Doch Vorsicht:

Das ist nichts für Menschen mit Klaustrophobie! Wer den besten Blick über die Stadt und ihre Häfen genießen will, der besucht das höchste Gebäude der deutschen Nordsee an den Havenwelten – von der Aussichtsplattform im 20. Stock des Atlantic Hotel Sail City heißt es dann nur noch: schauen und genießen!

Zeit zum Genießen

Wem jetzt der Magen knurrt, der schlendert am besten zum Fischereihafen südlich der Innenstadt: Hier dreht sich alles ums maritime Schlemmen, ums Bummeln und Genießen an der Hafenkante. Im historischen Teil des über hundertjährigen Fischereihafens befindet sich das Schaufenster Fischereihafen. Hier, wo früher die Fischdampfer ihren Fang anlieferten, dreht sich auch heute noch alles um den Fisch. In der ehemaligen Fischhalle IV gibt es den frischen Fisch am Markt zu kaufen oder zubereitet zum Direktgenießen: vom Räucherfisch über das Matjesbrötchen auf die Hand bis hin zum gehobenen Fischrestaurant. Und im Fischbahnhof finden Kochshows mit Fischbuffet statt – mehr Fisch geht nicht! Am Abend besucht man am besten den »Alten Bürger«, wie die Einheimischen den nördlichen Teil der Bürgermeister-Smidt-Straße im Zentrum der Stadt nennen. In diesem Kneipenviertel stößt man auf Restaurants und Kneipen und mit dem »Findus« auch auf ein vegetarisches Lokal mit Wohnzimmer-Charakter. Hier werden also alle glücklich – perfekt, um den Tag abzurunden.

↑ Im Deutschen Auswandererhaus geht es auf eine interaktive Zeitreise ins Jahr 1870.
↙ Am alten Hafen in Bremerhaven erstrahlen abends an der Museumsmeile mit dem Klimahaus und vielen historischen Booten die Lichter.

Info

GEEIGNET
Als Tagesausflug oder Halbtagestrip von Bremen

WESER-STRANDBAD
Das Weser-Strandbad südlich des Schifffahrtsmuseums ist vielleicht der entspannteste Ort, um die Sonne und den Sonnenuntergang zu genießen (baeder-bhv.de/baeder/weser-strandbad).

FINDUS BREMERHAVEN
Das Veggie-Restaurant Findus ist ein zweites Wohnzimmer mit Events, Kuchen, frischem Brot und warmen Gerichten. Der Clou: Man bezahlt, was man möchte (findusesskultur.de).

IM-JAICH HOTEL
Mitten in den Havenwelten liegt das im-jaich Hotel Bremerhaven. In den modernen Zimmern und mit dem Wasser direkt vor der Nase schläft es sich hier besonders entspannt. Den Weckruf erledigen die Möwen (im-jaich.de/urlaub/hotel-bremerhaven).

ANREISE
Von Berlin über Hannover in 5 Std., von Hamburg über Bremen in 2 Std. und von München in knapp 8 Std. mit der Bahn zu erreichen

2 Potsdam, das Märkische Versailles

Wo der Alte Fritz die Welt einfach Welt sein ließ

Ein Schloss für die Sommerfrische, wo alle Sorgen vor der Tür bleiben: Sanssouci (»ohne Sorgen«), so nennt Friedrich II. sein Refugium in Potsdam, in das er sich immer wieder zurückzieht.

Kein anderer Herrscher ist so mit dieser Stadt verbunden wie Friedrich der Große, der Markgraf von Brandenburg und spätere König von Preußen. Friedrich II. ließ in Rekordzeit ab 1745 nicht nur seinen Traum vom Sommerschloss im Park Sanssouci verwirklichen, sondern realisierte im weitläufigen Park, der sich heute über knapp 300 Hektar erstreckt, eine ganze Parallelwelt zu der von Kriegen geprägten Realität. Nach den Plänen bedeutender preußischer Architekten und Baumeister entstanden in seiner Regierungszeit neben dem Schloss Sanssouci auch die Bildergalerie mit Gemälden von Rubens und Caravaggio, die Neuen Kammern und das Neue Palais. Mit der Historischen Mühle, dem Chinesischen Haus, dem Drachenhaus und dem Belvedere gestaltete der preußische Gartenkünstler Lenné den Garten zu einem englischen Landschaftsgarten um. Ab 1825 nahm sich dann Friedrich Wilhelm IV., der »Romantiker auf dem Thron«, Sanssoucis wieder an, nachdem es zuvor nach Friedrichs II. Tod in eine Art Winterschlaf gefallen war. Nun wurden die aus Italien inspirierten Bauwerke wie Schloss Charlottenhof, die Römischen Bäder, die Friedenskirche und das Orangerieschloss im Stil des Klassizismus errichtet. Wilhelm I. öffnete 1873 das Schloss als Museum – als eines der ersten Schlossmuseen in Deutschland. Man merkt es schon: Allein im Park Sanssouci könnte man sich mit seinen fünf Schlössern und einem Spazierwegnetz von sagenhaften 76 Kilometern tagelang aufhalten. Dabei war die Baufreude des Alten Fritz' und seiner Verwandtschaft längst nicht nur auf die Parkanlage begrenzt: Friedrich II. verwirklichte seine Idealvorstellungen auch in der Potsdamer Altstadt. Wer dort über das Kopfsteinpflaster flaniert, findet sich an herrschaftlichen, oft von den alten Römern inspirierten Orten wieder: Das Bran-

→ Sanssouci wurde ab 1745 unter Friedrich II. erbaut und lockt neben dem Schloss oder der Bildergalerie auch mit seinem wunderschönen Park.

Tipp

HAVELRUNDFAHRT

Potsdam ist eine Insel – was liegt da näher, als die Stadt auch einmal vom Wasser aus zu erkunden? Ausflugsschiffe legen am Potsdamer Hafen an der Langen Brücke ab. Dann heißt's, sich ganz entspannt an Bord zurückzulehnen und die schönsten Sehenswürdigkeiten im Vorbeischippern zu genießen (schifffahrt-in-potsdam.de).

denburger Tor am Luisenplatz wurde z. B. im Stil eines römischen Triumphbogens an der Stelle eines ursprünglichen schlichteren Bogens errichtet. Was viele nicht wissen: Wenn auch etwas kleiner, ist das Tor in Potsdam ganze 20 Jahre älter als sein berühmter Berliner Zwilling. Auch am Alten Markt nahm König Friedrich II. Bezug auf Rom: Er ließ einen Obelisken errichten und die umliegenden Fassaden der Bürgerhäuser, das Rathaus und die Nikolaikirche im römischen Stil umgestalten. Im Rathaus mit seinem goldenen Atlas samt Erdkugel ist heute das Potsdam Museum untergebracht; mehr als 200 000 Exponate porträtieren hier die Geschichte der brandenburgischen Landeshauptstadt.

Auf Weltreise in Brandenburg

Nicht der Alte Fritz, sondern sein Vater, der Soldatenkönig Friedrich Wilhelm I., prägte ein Viertel der Stadt, das Fernweh weckt. Und so kann man sich in Potsdam nicht nur auf eine Reise durch die Zeit, sondern auch über Ländergrenzen hinwegbegeben: In der Nähe des Nauener Tors reihen sich rote Backsteinhäuser mit schmucken Giebeln und Sprossenfenstern aneinander – hier liegt das Holländische Viertel, das Einzige in dieser Größe und Art erhaltene außerhalb der Niederlande. Um genau zu sein, sind es 134 Backsteinbauten, die im 18. Jahrhundert im Auftrag Friedrich Wilhelms I. erbaut wurden. Er wollte damit Holländer nach Potsdam locken, doch der Plan scheiterte. Wer heute durch das malerische Viertel schlendert, trifft auf schnuckelige Cafés, gemütliche Lokale, sehenswerte Gale-

»Französisch, italienisch, holländisch, russisch – Potsdam wurde zum Spiegel der Welt.«

↗ Das Brandenburger Tor am Luisenplatz im römischen Stil ist ein beliebter Treffpunkt.
← Im berühmten Holländischen Viertel mit seinen malerischen roten Backsteinbauten findet man u.a. viele nette Cafés und Lokale.

rien, kleine Boutiquen und Antiquitätenläden. In einem der Letzteren – kleiner Fakt am Rande – erwarb im Übrigen der berühmt-berüchtigte Hauptmann von Köpenick seine Uniform.
Und nicht nur Holland liegt in Potsdam, sondern auch Russland: Die Russische Kolonie wurde 1826/27 auf Wunsch Friedrich Wilhelms III., Sohn von Friedrich II., erbaut. Er widmete die Kolonie mit den im russischen Stil erbauten Holzhäusern seinem verstorbenen Freund Zar Alexander I. In den Häuschen sollten sich russische Sänger, die als Geschenk des Zaren an den königlichen Hof kamen, heimisch fühlen. Heute besucht man hier das kleine Museum, das die Wohnverhältnisse der damaligen Zeit aufleben lässt, und genießt in den Cafés bei Piroggen & Co. fast authentisches Russland-Feeling.

Info

GEEIGNET
Als Wochenendtrip oder Tagesausflug von Berlin

STUDIO BABELSBERG
Das größte Filmstudio Europas erlaubt einen Blick hinter die Kulissen (studiobabelsberg.com).

BIOSPHÄRE POTSDAM
Die Naturerlebniswelt im Volkspark lockt mit tropischen Pflanzen, exotischen Tieren und echtem Tropengewitter (biosphaere-potsdam.de).

SCHIFFBAUERGASSE
Abends lohnt sich der Besuch des Kunst- und Kulturquartiers am Tiefen See (schiffbauergasse.de).

CHI KENG
Richtig gute vietnamesische Küche und Sushi gibt es im Chi Keng zentral am Luisenplatz (chikeng.de).

WAVEBOARD
Das Waveboard lockt mit Aussicht auf den Tiefen See und modern eingerichteten Apartments (waveboard-potsdam.com).

ANREISE
Mit der Bahn fährt man in weniger als 30 Min. von Berlin, in 3 Std. von Hamburg und in 6 Std. von München nach Potsdam.

Helmbrecht
SALE

3 Steinreiches Goslar

Eine Stadt, die nicht nur Kaiser liebten

Kunstvolles Fachwerk, imposante Gildehäuser, die romanische Kaiserpfalz und Kirchen, wohin man auch blickt – die Harzstadt Goslar könnte aus einem Märchenbuch stammen.

Spaziert man durch die Altstadt, geht der Geist ganz automatisch auf Reisen: Wie sah es hier aus, als im Mittelalter die Händler über den Markt eilten, Patrizier zielstrebig zum Rathaus liefen oder Bauern anreisten, um ihre Ernte an den Mann zu bringen? Viel Fantasie braucht es dafür eigentlich nicht, denn der Stadtkern hat sich seit dem 15. Jahrhundert nicht sonderlich verändert. Der Alte Marktplatz bildete mit seinem Brunnen, dem Rathaus samt prunkvollem Huldigungssaal und den mittelalterlichen Wohnhäusern – allen voran das wohl schönste Patrizierhaus der Stadt namens »Brusttuch« – den Mittelpunkt der Stadt. Die Detailfreude der Fassaden zeigt: Goslar war wohlhabend. Noch schöner ist der Blick von oben: Über die Himmelsleiter steigt man 233 Stufen hinauf zum Nordturm der Marktkirche und genießt alsdann den Blick hinab auf die alten Gebäude, die den Rahmen für unzählige Lebensgeschichten bildeten. Die Altstadt als Ganzes ist die eigentliche Sehenswürdigkeit der Stadt und macht Goslar zu einem der bedeutendsten historischen Denkmäler überhaupt.

Seinen Wohlstand verdankt Goslar dem Bergbau, der hier eine lange Geschichte hat und schon im 3. Jahrhundert am Rammelsberg begann. Im Mittelalter sorgte der Abbau von Erz, Silber, Kupfer, Blei und Zink für den wirtschaftlichen Aufstieg der

← Fachwerkkunst: Der Stadtkern von Goslar mit seinen prächtigen Häusern hat sich seit dem 15. Jahrhundert nicht sonderlich verändert.

Tipp

SPAZIERGANG

Wer, bevor es unter die Erde geht, noch frische Luft schnappen möchte, der spaziert über den Blauen Haufen und mit einem Abstecher zum Malermeisterturm bis zum Bergwerk. Wer's bequemer möchte: Der Welterbeshuttle fährt im 30-Min.-Takt die wichtigsten Stationen der Stadt an.

Stadt. Als einziges Bergwerk der Welt war das Erzbergwerk Rammelsberg über 1000 Jahre ohne Unterbrechung in Betrieb. Nach seiner Stilllegung 1988 sollte es abgerissen werden – kaum auszudenken! Glücklicherweise blieb das Industriedenkmal aber erhalten und wurde1992 zusammen mit der Altstadt Goslars samt Kaiserpfalz zum UNESCO-Welterbe ernannt.
Heute hat man die Möglichkeit, oberirdisch im Bergbaumuseum mehr über den Abbau zu erfahren und unter Tage diese ganz eigene Welt, die für so viele Goslarer Arbeitsalltag war, hautnah zu erleben. Zur Aufbereitungsanlage wird man mit einem offenen Förderwagen über den Schrägförderaufzug 100 Meter nach oben befördert, wo der Blick dann über die gesamte Bergwerksanlage schweift. Mit Grubenführern geht es bei Führungen mit verschiedenen Themenschwerpunkten in die untertägigen Grubenräume.
Ob den Bergbau im Mittelalter oder im 20. Jahrhundert oder das alte Stollensystem mit seinen Wasser-

»Wo ein Tagesausflug 1000 Jahre in die Vergangenheit führt«

läufen: Im Rammelsberg wird das gesamte Erbe des Bergbaus dokumentiert. Das Wasser spielte überhaupt in dieser Stadt eine immens wichtige Rolle – 2010 wurde deshalb das bestehende Welterbe in Goslar um das System der Oberharzer Wasserwirtschaft erweitert. Diese war bis ins Industriezeitalter der einzige Energielieferant für den Oberharzer Bergbau und eines der größten Energiesysteme der Welt.

↑ Über 150 Jahre lang war die Goslarer Pfalz die bedeutendste im Deutschen Reich.
↙ Im Erzbergwerk Rammelsberg kann man an verschiedenen Themenführungen teilnehmen und den Untergrund erkunden.

Wo Kaiser kamen und gingen

Der Erz- und Silberabbau sorgte nicht nur für Reichtum, sondern machte Goslar auch zum strategisch bedeutenden Handelsort innerhalb der Hanse. Anfang des 11. Jahrhunderts gründete Kaiser Heinrich II. die Kaiserpfalz am Fuß des Rammelsbergs. Der Kaisersaal war der größte, der jemals auf deutschem Boden erbaut wurde; im Jahre 1009 fand hier bereits die erste Reichsversammlung statt. Goslar war von da an Residenzstadt deutscher Könige und Kaiser, die ohne festen Kaisersitz quer durch ihr Land reisten und unterwegs auf ihre Pfalzen angewiesen waren. Über 150 Jahre lang war die Goslarer Pfalz die bedeutendste im Deutschen Reich, doch die glanzvolle Zeit endete im Jahr 1253. Danach kam kein Kaiser mehr hierher, und die Anlage war dem Verfall geweiht. Erst in der zweiten Hälfte des 19. Jahrhunderts wurde die Kaiserpfalz im Zeitgeist des deutschen Kaiserreichs restauriert. Im Inneren wurden zu dieser Zeit riesige historische Malereien angebracht, die die Verbindung vom Kaiserreich mit dem Heiligen Römischen Reich Deutscher Nation symbolisieren sollten.

Info

GEEIGNET
Als Tagesausflug, z. B. von Hannover

GROSSES HEILIGES KREUZ
In der Nähe der Kaiserpfalz befindet sich das Große Heilige Kreuz. 1254 wurde hier ein Hospiz errichtet, in dem man Arme und Waisen versorgte. Heute gibt es in historischer Kulisse die Waren von Kunsthandwerkern zu kaufen.

GOSE BIER
Die stadteigene Biersorte darf man sich nicht entgehen lassen. Im Brauhaus Goslar gibt es Gose Bier und den Harzer Spezialitätenteller mit Harzkäse und jeder Menge Wurst. Für Vegetarier ist auch gesorgt (brauhaus-goslar.de).

ROMANTIK HOTEL ALTE MÜNZE
Das Hotel, das in zwei historischen Häusern der Altstadt untergebracht ist, versprüht nostalgischen Charme und bietet neben einer Bibliothek auch einen schönen Garten zum Verweilen (hotel-muenze.de).

ANREISE
Von Hamburg über Hannover in 2.30 Std., von Berlin in knapp 4 Std. und von München in 6 Std. mit dem Zug erreichbar

Gut zu Wissen ?

Was genau ist eigentlich …?

Die Hanse

Mitte des 12. Jahrhunderts schlossen sich im Ostseeraum deutsche Kaufleute zusammen und legten damit den Grundstein für die Hanse – 100 Jahre später hatten die hanseatischen Kaufleute so die Konkurrenten aus dem Norden verdrängt und die Vormachtstellung eingenommen. Als sich Ende des 13. Jahrhunderts die aufstrebende Reichsstadt Lübeck zum Haupt der Hanse entwickelte, wandelte sich der Charakter der Hanse vom losen Bund der Kaufleute zur Städtehanse.

Ein Bund für den Handel

Die deutsche Hanse ist einzigartig: Vom 12.–15. Jahrhundert beherrschte sie die Regionen um Nord- und Ostsee als einen großen Handelsraum. Dabei ging es weniger um politische als um wirtschaftliche Ziele. Die Hanse schützte ihre Kaufleute im Ausland vor gesetzlicher Willkür und war ständig darum bemüht, bestehende Handelsverbindungen auszubauen. Zu ihrer Blütezeit im 14./15. Jahrhundert gehörten der Hanse etwa 200 Hafen- und Binnenstädte zwischen London, Bergen und Nowgorod an. Die Hansestädte lagen in einem Gebiet, das heute sieben europäische Länder umfasst und sich von Deutschland bis Schweden und von den Niederlanden bis nach Estland erstreckt.
Manche Orte waren als Handels- und Warenumschlagplätze wichtig. So war Lübeck vor allem wegen seiner verkehrspolitisch günstigen Lage von zentraler Bedeutung für die Hanse, denn hier bündelten sich verschiedene Handelswege. Auch Naumburg an der Saale oder Greifswald sind Beispiele dafür. Andere waren wegen ihrer Handelsgüter wichtig – dazu gehörten Bergbauregionen wie um Goslar, Lüneburg versorgte die Welt mit Salz, aus Hamburg kam Bier und Wein aus dem Rheinland.
Die Vormachtstellung der Hanse im Nord- und Ostseeraum wurde im 15. Jahrhundert dann durch das allmähliche Vordringen von englischen und holländischen Kaufleuten gebrochen und damit der Niedergang der Hanse als Wirtschaftsmacht besiegelt. Aber auch die Entdeckung Amerikas durch Kolumbus spielte dabei eine Rolle: Die Haupthandelsströme verlagerten sich nun Richtung Westeuropa, und die Hanse verlor ihre Bedeutung endgültig. Im Jahr 1669 fand in Lübeck der letzte Hansetag statt – vorerst, denn 1980 wurde im niederländischen Zwolle die Hanse der Neuzeit gegründet! Der neue Bund mit Sitz in Lübeck soll als »Lebens- und Kulturgemeinschaft der Städte über die Grenzen hinweg« den Handel, kulturelle und soziale Verbindungen, aber auch den Tourismus fördern.
Das Hansemuseum Lübeck stellt die Entwicklung der Hanse, der Kaufleute und der sich anschließenden Städtehanse chronologisch dar und vermittelt auf dem Rundgang über 400 Jahre Hansegeschichte – eine absolute Empfehlung für alle, die mehr über die Hanse erfahren wollen.

hanse.org
hansemuseum.eu

↑ Jahrhundertelang beherrschte die deutsche Hanse die Regionen um Nord- und Ostsee als einen großen Handelsraum.
↖ Die Hansestädte lagen in einem Gebiet, das heute sieben Länder umfasst – Lüneburg versorgte die Welt einst mit Salz (s. S. 69).

4 Eisenach und die Wartburg

Auf Luthers Spuren

Luther und die Wartburg – nur wenige Orte sind so eng mit einem Namen verknüpft wie die vielleicht deutscheste Burg von allen mit dem Reformator. Folgen wir Luthers Spuren.

Keine andere Burg prägte die Deutschen so wie diese. Majestätisch über der Stadt Eisenach thronend, spiegelt sie die Geschichte des ganzen Landes wider. Mit dem Luthershuttle oder zu Fuß über den Luthererlebnispfad geht es nach oben und damit mitten hinein in 1000 Jahre Burgalltag. Die Wartburg war schon lange vor Luther ein Ort, der Geschichte schrieb. 1067 gilt als das Gründungsjahr, und der Palas aus dieser Zeit ist ein Vorzeigebau der spätromanischen Baukunst. Hier wurden die Lieder Walthers von der Vogelweide gesungen, Wolfram von Eschenbach brachte seine Dichtungen zu Papier, und die Heilige Elisabeth lebte hinter dicken Mauern ein frommes Leben, bevor sie sich in den Gassen von Eisenach um die Armen und Kranken kümmerte. Auch nach Luther blieb die Zeit auf der Wartburg nicht stehen: Beim studentischen Wartburgfest 1817 wurde der Wille zum freien Nationalstaat erstmals laut und die Burg erneut Schauplatz des Zeitgeschehens. Wegen ihrer kulturgeschichtlichen Bedeutung wurde die Wartburg daher im Jahr 1999 von der UNESCO zum Welterbe der Menschheit erklärt.
Doch zurück zu Luther. Als er auf dem Reichstag in Worms für vogelfrei erklärt wurde, tauchte er als Junker Jörg vom 4. Mai 1521 bis zum 1. März 1522 auf der Wartburg unter. Der Augustinermönch verbrachte also nicht einmal ein ganzes Jahr auf

Tipp

BURSCHENSCHAFTSDENKMAL

Auf einer Anhöhe über den Dächern des Eisenacher Villenviertels thront weithin sichtbar das Burschenschaftsdenkmal. Das monumentale, 33 m hohe Bauwerk erinnert an das Wartburgfest der Burschenschaften 1817 und ist zugleich ein Ehrenmal für die im Deutsch-Französischen Krieg gefallenen Burschenschaftler.

→ Majestätisch thront die Wartburg über Eisenach – hier trotzte Martin Luther einst dem Teufel, und Studenten begingen 1817 das Wartburgfest.

»Die Gegend ist überherrlich.«

Johann Wolfgang von Goethe über Eisenach

dieser Burg, doch er wusste die Zeit gut zu nutzen: Inkognito übersetzte er hier das Neue Testament aus dem Griechischen erstmals komplett ins Deutsche. Die Übersetzung war nicht nur für die Theologie bedeutend, sondern auch ein Meilenstein in der Vereinheitlichung der deutschen Sprache. Die meisten Besucher kommen heute also wegen der weltberühmten Lutherstube, wo diese Fleißarbeit vonstattenging. Doch neben der lutherischen Vergangenheit ist der Sängersaal, benannt nach Richard Wagners Oper »Tannhäuser und der Sängerkrieg auf der Wartburg«, im Palais der vielleicht interessanteste Ort der Burg: Im 19. Jahrhundert wurde der Raum in Anlehnung an die Oper im Stil eines mittelalterlichen Rittersaals umgebaut. Dieser wiederum inspirierte Ludwig II. zu seinem Sängersaal auf Schloss Neuschwanstein – ein royal-architektonischer Kreislauf.
Besonders atmosphärisch wird es auf der Wartburg im Advent, wenn der historische Weihnachtsmarkt die Burg mit Festtagsglanz schmückt. Dann bieten Kerzenzieher, Gewandmeisterinnen, Seifensieder und Kräuterfrauen ihre Waren wie im Mittelalter feil.

Streifzug durch Eisenach

Luther ist nicht nur auf der Wartburg präsent, sein ganzes Leben war mit Eisenach verwoben. 1498–1501 besuchte er die hiesige Lateinschule und lebte bei der Patrizierfamilie Cotta in einem der ältesten Fachwerkhäuser Thüringens. Heute befindet sich hier das Lutherhaus, ein Museum zum Leben und Werk des Reformators. Wer noch mehr in das Leben des Mönchs eintauchen möchte, bekommt bei Themenführungen durch die Stadt, z. B. bei »Martin Luther – Lateinschüler und Junker Jörg« oder »Ein geschwätzig' Weib«, einen lebhaften Einblick in diese Zeit. Auf dem Karlsplatz, dem ältesten Marktplatz von Eisenach, gibt es Luther dann noch einmal in überlebensgroß – hier steht das von Adolf von Donndorf geschaffene Lutherdenkmal.
Doch Luther ist längst nicht der einzige berühmte ehemalige Bewohner der Stadt: Niemand Geringeres als Johann Sebastian Bach wurde in Eisenach geboren. So geht es im Bachhaus auf Tuchfühlung mit dem Ausnahmetalent, denn hier dreht sich alles um das Leben und Wirken des berühmten Komponis-

↗ Im Eisenacher Südviertel stehen viele Jugendstilvillen aus der Zeit der Jahrhundertwende.
← In der weltberühmten Lutherstube auf der Wartburg übersetzte Luther das Neue Testament erstmals aus dem Griechischen komplett ins Deutsche.

ten. Im historischen Wohnhaus wird das Leben um 1700 fühlbar, eine multimedial gestaltete Präsentation widmet sich Bachs musikalischem Lebenswerk. Bei den stündlichen Live-Konzerten auf den geschichtsträchtigen Instrumenten gibt es dann noch das perfekte Klangerlebnis für ein gelungenes Rundumerlebnis dazu.

Wer Ornamente und verspielte Erker mag, sollte dem Eisenacher Südviertel einen Besuch abstatten. Hier stehen zahlreiche Jugendstilvillen aus der Zeit der Jahrhundertwende, die sich die wohlhabenden Bewohner Eisenachs erbauen ließen. Bei einem Spaziergang kann man die Villen bewundern und sich in längst vergangene Zeiten hineinträumen

Info

GEEIGNET
Als Tagesausflug oder mit einem Besuch des Nationalparks Hainich auch für mehrere Tage

URWALD NATIONALPARK HAINICH
Der Nationalpark mit seinem Baumkronenpfad ist eine perfekte Ergänzung zum Kulturprogramm. Mit der Buslinie 150 geht es vom ZOB Eisenach nach Bad Langensalza (nationalpark-hainich.de).

B&B HOTEL EISENACH
Günstig, modern und nur 20 Min. Fußmarsch von der Wartburg entfernt: Das B&B Hotel Eisenach ist eine gute Wahl (hotel-bb.com/de/hotel/eisenach).

ERLEBNISRESTAURANT
Die Lutherstuben im Eisenacher Hof spiegeln die Zeit der Reformation realitätsnah wider. Hier können bis zu 170 Gäste bei Musik und Gaukelei wie im späten Mittelalter schmausen (lutherstuben.de).

ANREISE
Mit der Bahn von Frankfurt am Main in knapp 2 Std., von Hamburg oder München in gut 4 Std. erreichbar

5 Chemnitz – Zeitreise in die DDR

Sächsisches Manchester und ein echter Geheimtipp

Mehr als 30 Jahre ist die DDR bereits Geschichte, und seitdem hat sich in Chemnitz mehr geändert als nur der Name der Stadt. Doch ein paar Zeitzeugen gibt es auch heute noch.

Der »Nischel« ist das wohl bekannteste Überbleibsel der DDR in Chemnitz: Der übergroße Kopf von Karl Marx ist das Wahrzeichen der Stadt, auch heute noch. Das 2 x 13 Meter große Monument wurde vom sowjetischen Bildhauer Lew Kerbel entworfen, in Leningrad gegossen und anschließend nach Chemnitz gebracht. Es ist nach einem Lenin-Kopf im sibirischen Ulan-Ude die zweitgrößte Büste der Welt. Hinter dem Kopf prangen am Haus des ehemaligen Rates des Bezirkes die berühmten Wörter aus Marx' *Kommunistisches Manifest* in vier Sprachen: »Proletarier aller Länder, vereinigt euch«. 1953 hatte die SED das Karl-Marx-Jahr ausgerufen und entschieden, die Stadt nach dem Philosophen und Begründer des wissenschaftlichen Sozialismus zu benennen, auch wenn dieser nie einen Fuß in die Stadt gesetzt hat. 1971 wurde der Marx-Kopf eingeweiht.

→ Von wegen grau: Chemnitz leuchtet im Abendlicht – schöner Blick auf die Oper und die St.-Petri-Kirche in der Chemnitzer Innenstadt.

Rund 80 Prozent des Ortes samt der prächtigen Altstadt fielen im Zweiten Weltkrieg Bomben zum Opfer – die Stadtplaner der DDR hatten also freie Hand, und so wurde Karl-Marx-Stadt zum Musterbeispiel der sozialistischen Stadtplanung. Es entstanden die für die DDR typischen Bauten der Ostmoderne mit geraden Linien, schwebenden Dachkonstruktionen und einer guten Portion Arbeiterflair. Heute zeigt sich die Innenstadt als Potpourri aus historischen Gebäuden wie dem mittelalterlichen Roten Turm, den vom Krieg verschonten Jugendstilvillen auf dem Kaßberg, Industriegebäuden, die heute lichtdurchflutete Lofts beherbergen, DDR-Architektur und Nachwendebauten. Manche Ecken wirken marode, andere sind hochwertig restauriert. Dazwischen gibt es bunte Kreativität. »Weder grau noch braun«, schreibt sich die Stadt, die seit der Wiedervereinigung wieder Chemnitz heißt, auf die Fahnen, denn mit dem rechten Image, mit der

Tipp

SMAC

Im ehemaligen Kaufhaus Schocken lässt Sachsens Archäologisches Museum Chemnitz 300 000 Jahre Menschheitsgeschichte auf interaktive Weise lebendig werden: Von wegen »Do not touch« – hier ist das Anfassen, Reinschauen und Anhören ausdrücklich erwünscht (smac.sachsen.de).

»#wirsindmehr und #wedergraunochbraun – Chemnitz setzt ein Zeichen gegen Rechts.«

die Stadt zu kämpfen hat, will man aufräumen. Wer in Chemnitz auf Streifzug durch die DDR-Geschichte geht, begegnet im Zentrum noch einigen Vorzeigebauten der Vorwendezeit. Ganz vorne mit dabei ist die im brutalistischen Stil erbaute Stadthalle mit dem dazugehörigen Hotel. Die Mehrzweckhalle wurde 1969–1974 für Veranstaltungen errichtet und beherbergt auch heute noch ein Hotel und im 26. Stock ein Restaurant mit Ausblick. Vom Bahnhof und dem ganz im Stil der ostdeutschen Moderne erbauten Omnibusbahnhof geht es weiter ins Zentrum. Auch hier stößt man im Vorübergehen noch auf einige Gebäude aus den 1960er-Jahren und gelangt schließlich, vorbei am Karl-Marx-Monument, zum Rosenhof. Dieser galt als eines der großen Vorzeigeprojekte im DDR-Städtebau; hier entstanden ein Kinderkaufhaus und eine Tanzbar, doch dann kam die Planung ins Stocken und der Rosen-

hof sowie andere Teile der Innenstadt fielen bis weit nach der Wende in einen Dornröschenschlaf.
Ein kurzer Ausflug in den Küchwaldpark führt zum 1964 errichteten, futuristisch anmutenden Kosmonautenzentrum, vor dem die Rakete Wostok gen Himmel ragt. Das später nach dem ersten deutschen Astronauten Sigmund Jähn benannte Zentrum zieht noch immer magnetisch Weltallfans an, und ein besonderes Highlight ist der simulierte Flug in der 36 Meter großen Rakete.

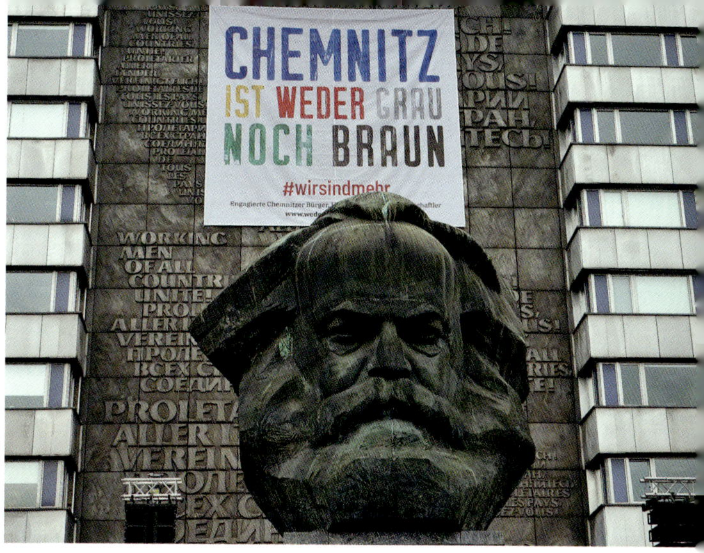

↑ Der »Nischel«, der übergroße Kopf von Karl Marx, ist das Wahrzeichen der Stadt.
↙ Im Industriemuseum kann man in einer Werkhalle von 1907 Industrieprodukte und Konsumgüter, die in Chemnitz produziert wurden, bestaunen.

Sächsisches Manchester

Noch weiter in die Höhe als die Rakete ragt der Schornstein des Wärmekraftwerks Nord – der seit 2013 nach Angaben des französischen Künstlers Daniel Buren angemalte und nachts beleuchtete Turm ist ein ständiger Begleiter beim Stadtbummel. Als einer der vielen Schornsteine der DDR symbolisiert er das Bild der Industrialisierung der Republik. Mit der Errichtung der ersten Baumwollspinnereien begann 1798 auch in der Chemnitzer Region die industrielle Revolution. Es folgten u. a. Maschinenbaubetriebe, Gießereien und Strumpfwirkereien, und so entwickelte sich Chemnitz zu einer Art sächsischem Manchester und zu einer der reichsten Städte Deutschlands zu Beginn des 20. Jahrhunderts. Das Industriemuseum widmet sich dieser Zeit. In einer Werkhalle von 1907 bestaunt man die Vielfalt an Industrieprodukten und Konsumgütern, die in Chemnitz produziert wurden – von Alltagsgegenständen bis hin zu Luxuserzeugnissen.

Info

GEEIGNET
Als Tagesausflug

KULTURKAUFHAUS TIETZ
In einem ehemaligen Kaufhaus befinden sich heute verschiedene Einrichtungen wie die Stadtbibliothek und das Naturkundemuseum samt Insektarium (dastietz.de).

ALEXXANDERS RESTAURANT & BOARDINGHOUSE
Das alexxanders legt Wert auf Nachhaltigkeit und Regionalität im Restaurant und im Hotel und setzt auf industriellen Stil, der mit Fotografien aus der Region das Image der Stadt repräsentiert (alexxanders.de).

SCHALOM
Das Schalom ist jüdisches Restaurant und deutsch-israelische Begegnungsstätte in einem. Gemütliche Atmosphäre, gutes Essen, herzlicher Service – und die Speisekarte wird, angepasst ans Hebräische, von hinten nach vorne gelesen (schalom-chemnitz.de).

ANREISE
Mit der Bahn von Berlin in 3 Std., von Hamburg in 4 Std. und von München in 5 Std. erreichbar

6 Närrisches Mainz

Wo ein Buchdrucker Weltgeschichte schrieb

Johannes Gensfleisch? Keine Sorge, wenn es jetzt nicht sofort Klick macht. Spätestens wenn der Name Gutenberg fällt, fällt auch der Groschen. Hier im beschaulichen Mainz liegt die Wiege der Buchdruckkunst und somit einer ganz neuen Medienwelt.

Meenz, wie es singt und lacht – wer an Mainz denkt, dem fällt als Erstes die »Fasenacht« ein. In der fünften Jahreszeit läuft die Landeshauptstadt auf Hochtouren, dann wird es beim großen Rosenmontagsumzug und bei den Sitzungen feucht-fröhlich, bunt und ausgelassen. Außerhalb der närrischen Zeit ist Mainz hingegen eine beschauliche Studentenstadt mit einer ordentlichen Portion Charme. Ein erfrischender Schoppen in der Weinstube, ein ausgedehnter Spaziergang an der Rheinpromenade und das obligatorische Marktfrühstück am Dom zeigen, dass die Mainzer wissen, wie man das Leben genießt. Das Marktfrühstück ist ein beliebter Treffpunkt am Samstag, zu dem auch Besucher gern gesehen sind: Hier gibt es eine Tasse Kaffee, ein herzhaftes Stück Fleischwurst und einen Schoppen Wein – die drei Mainzer Säulen Weck, Worscht und Woi werden genüsslich zelebriert. Von all der Gemütlichkeit darf man sich aber nicht täuschen lassen. Hier in Mainz wurde immer wieder Weltgeschichte geschrieben – und im 15. Jahrhundert eine bahnbrechende Medienrevolution in Gang gesetzt. Anfang der 1450er-Jahre revolutionierte Johannes Gensfleisch aka Gutenberg mit der Perfektionierung des Buchdrucks die gesamte Kommunikation und legte den Grundstein für moderne Medien.

Revolution der Mediengeschichte

Mit der Verwendung von beweglichen Lettern, Druckfarbe und einer Presse entwickelte er einen effizienten Produktionsprozess. Der neuartige Buchdruck breitete sich wie ein Lauffeuer von Mainz in ganz Europa und später in der ganzen Welt aus – eine Jahrtausend-Erfindung. Im Gutenberg-Museum dreht sich alles um diesen Meilenstein: Von der Demonstration des Druckvorgangs über originale Exemplare der Gutenberg-Bibel bis zur rekonstruierten Gutenberg-Werkstatt wird der Museums-

→ Ein beliebter Treffpunkt in Mainz ist samstags das Marktfrühstück am Dom, zu dem auch Besucher gern gesehen sind.

„Universal"
Albert & Cie Act.-Ges. Frankenthal (Rheinbayern)

»Stärker als das Blei in der Flinte hat das Blei im Setzkasten die Welt verändert.«

Johannes Gensfleisch, genannt Gutenberg

besuch zum kurzweiligen Lernprozess. Außerhalb des Museums wandelt man auf dem Gutenberg-Pfad auf den Spuren des berühmten Mainzers vorbei am Lettern-Denkmal auf dem Liebfrauenplatz, an Gutenbergs Geburtshaus, der Urdruckerei und der letzten Ruhestätte bis hin zum Gutenbergplatz vor dem Staatstheater, wo seit 1837 das vom dänischen Bildhauer Thorvaldsen entworfene Gutenberg-Denkmal steht. Die Einweihung des Denkmals feierten die Menschen hier, wie es sich für ordentliche Mainzer und Mainzerinnen gehört: mit einem drei Tage andauernden Fest.

Auch heute wird dem berühmtesten Sohn der Stadt noch jedes Jahr die Ehre erwiesen: Seit 1968, anlässlich des 500. Todestags von Johannes Gutenberg, wird jährlich Ende Juni die Johannisnacht als großes Volksfest gefeiert. Neben Künstlermarkt, Fahrgeschäften und Getränke- und Essständen findet dann auch der größte antiquarische Büchermarkt Deutschlands statt. Ein besonderes Spektakel am Johannisnacht-Samstag ist das Gautschen, die Buchdruckertaufe: Dabei werden Gesellen und Gesellinnen in ein mit Wasser gefülltes Holzfass getaucht, um sich symbolisch vom Bleistaub der Lehrjahre zu befreien.

↖ Im Gutenberg-Museum dreht sich alles um die Jahrtausend-Erfindung des Buchdrucks.
← Blaues Leuchten: die einzigartigen Glasfenster von Marc Chagall in der Kirche St. Stephan
← Der Traubensaal im Jugendstil im Kupferberg-Museum der Sektkellerei Kupferberg

Eine Stadt fürs gemütliche Treibenlassen

Ein jahrhundertealter Zeitzeuge ist der Hohe Dom St. Martin zu Mainz. Er wurde ab 975 nach dem Vorbild von St. Peter in Rom errichtet und ist neben dem Dom zu Speyer und Worms einer der ältesten monumentalen Gewölbebauten Deutschlands. Sieben Könige wurden innerhalb dieser backsteinroten Mauern gekrönt, und genauso oft hat der Dom im Lauf der Jahrhunderte gebrannt. Wer vom trubeligen Marktplatz vor dem Kirchenbau durch die gewaltige Tür tritt, erlebt, wie die Geräusche von außen unvermittelt verstummen und einer erhabenen Stille Raum geben, wie es sie nur in alten Mauern gibt.

Wer im Entdeckermodus Lust auf einen kleinen Bummel hat, folgt der Gaustraße, einer der schönsten Straßen in Mainz. Neben Restaurants findet man hier süße Cafés wie das »dicke lilli, gutes kind« oder die hippe Kaffeekommune. Wer noch ein bisschen in hübschen Läden stöbern möchte, findet im »fuchs&bente« zwischen Blumentöpfen, Papeterie und Textilien so viele Schätze, dass auch der letzte noch freie Platz im Koffer voll wird. Und wer anschließend eine schöne Aussicht genießen möchte, spaziert weiter auf die Kupferbergterrassen – hier oben gibt es nicht nur eine tolle Aussicht, sondern

Tipp

CHAGALL-FENSTER

In der Kirche St. Stephan auf dem Stephansberg lassen sich die einzigen Glasfenster von Marc Chagall in Deutschland bewundern. Wer den Kirchenraum betritt, wird von einem tiefen Blau eingehüllt, das den Raum in eine mystische Stimmung bettet. Die Engel in den blauen Fenstern sehen aus, als würden sie im Himmel schweben. 1978 wurde das erste der insgesamt neun Chagall-Fenster eingesetzt (bistummainz.de/pfarrei/mainz-st-stephan).

Tipp

MAINZER SAND

Der Mainzer Sand ist der Sandkasten der Stadt. Auf rund 130 ha finden sich in diesem Naturschutzgebiet die Reste einer nacheiszeitlichen Steppe mit einzigartiger Flora. Auf einem ca. 2 km langen Rundweg spaziert man mitten durch die Mainzer Wildnis und vergisst dabei, dass man mitten im Rhein-Main-Gebiet unterwegs ist – eine perfekte Ergänzung zum Citytrip. Anfahrt mit Buslinie 6 ab Mainz-Hbf. Richtung Taubertsbergbad.

»Mainzer haben ein Talent, sich das Leben schön zu machen.«

Harald Martenstein

auch die Sektkellerei Kupferberg, unter deren Haupthaus mit Museum ein riesiges Labyrinth an Sektkellern verborgen ist: Bis zu 50 Meter reicht es in die Tiefe und kann im Rahmen von Führungen besichtigt werden.

Die Altstadt hinter sich lassend, begibt man sich auf eine Erkundungstour abseits der typischen Sehenswürdigkeiten in die Neustadt. Im ausgehenden 19. Jahrhundert entstand hier ein Viertel mit schicken historistischen Bauten, wie sie auch in Paris oder Berlin zu finden sind. Nach dem Zweiten Weltkrieg büßte der zentrale Gartenfeldplatz an Attraktivität ein, und es bedurfte einiger finanzieller Mittel, um dem Platz wieder zu altem Glanz zu verhelfen. In den vergangenen Jahren hat sich rund um den Gartenfeldplatz ein hippes Viertel entwickelt, und in den Jugendstilhäusern richteten sich kleine Läden und Cafés wie das »annabatterie« ein, die ein junges Publikum anlocken.

Ein Eis bei »N'eis« ist Pflicht: In den Filialen der Mainzer Eisdiele gibt es ausgefallene Sorten aus überwiegend regionalen Zutaten. Mit dem Eis in der Hand biegt man dann zum Mainzstrand ab, denn hier braucht es nur etwas Sand zwischen den Zehen, und schon kommt am Rheinufer Urlaubsfeeling auf – der perfekte Ort für einen Sundowner! Und nachdem sich nun langsam der Magen meldet, gilt es zu entscheiden: deftig regional oder doch lieber afrikanisch, vegan, Sushi oder Flammkuchen? In Mainz wird gern und gut gegessen! Wer lokale Küche ausprobieren will, findet in den Weinstuben in der Altstadt heimische Spezialitäten wie Mainzer Handkäs und Spundekäs oder auch Gerichte wie Pfälzer Saumagen – und natürlich die edlen Tropfen aus den Weinbergen vor der Stadt.

↗ Perfekter Ort für einen Sundowner: Am Mainzstrand kommt Urlaubsfeeling auf!

← Im »Römischen Kaiser« des Gutenberg-Museums findet man die Gutenberg-Bibliothek und die Museumsverwaltung.

Info

GEEIGNET
Als Wochenendtrip

GUTENBERG-PFAD
Die Broschüre ist im Tourist Service Center, im Gutenberg-Museum und als PDF-Download erhältlich unter mainz.de/kultur-und-wissenschaft

ISIS HEILIGTUM
Die Überreste des römischen Isis- und Mater Magna-Heiligtums wurden beim Bau eines Einkaufszentrums entdeckt und sind in der Römerpassage zu sehen (roemisches-mainz.de/das-heiligtum).

N'EIS
Das beste Eis der Stadt! Es gibt auch vegane Sorten (n-eis.de).

ME AND ALL HOTEL
Das me and all hotel mainz am Hauptbahnhof bietet urbane Designzimmer und im Café Platz zum Coworken (mainz.meandall-hotels.com).

ANREISE
Von Berlin und München in 4 Std. und von Hamburg in 5 Std. mit dem ICE erreichbar. Frankfurt am Main ist nur eine halbe Stunde mit dem Zug entfernt.

7 Trier, Zentrum der Antike

Die älteste Stadt Deutschlands

Im Jahr 30 v. Chr. schlugen Römer auf dem Petrisberg ein Lager auf und kontrollierten von hier die Moselfurt. Später wurde daraus Augusta Treverorum, dann nannte man es Treveris und schließlich: Trier.

Vom Stützpunkt an der Mosel aus besiegten die Römer den Stamm der keltischen Treverer. Nach diesem Sieg räumten sie zunächst das Lager. Im Zuge des Ausbaus ihres Straßennetzes kamen die Römer aber zurück und errichteten im Jahr 17 v. Chr. eine hölzerne Brücke über die Mosel und damit die Urzelle der Stadt Augusta Treverorum. Im Lauf der Zeit entwickelte sich hier durch die günstige Lage ein sogenanntes *Roma secunda*, ein zweites Rom. Wer in der ältesten Stadt Deutschlands zwischen Porta Nigra, Amphitheater, Kaiserthermen und Römerbrücke wandelt, braucht nicht viel Fantasie, um sich selbst in Toga und Römersandalen über die Pflastersteine schreiten zu sehen. An keinem Ort Deutschlands ist die Zeit der Römer so lebendig wie in Trier an der Mosel.
Durch das Stadttor Porta Nigra, einem von ehemals vier Toren, geht es mitten hinein in die alte Römerstadt. Das Tor ist noch bestens erhalten und mit seiner Datierung auf das Jahr 107 eines der ältesten Denkmäler der Römer nördlich der Alpen. Zusammen mit den anderen römischen Bauwerken gehört es seit 1986 zum UNESCO-Weltkulturerbe. Das Stadttor dient heute als Informationszentrum. Mit Multimedia-Guides, die auch über das eigene Smartphone abgerufen werden können, wird die Geschichte des »schwarzen Tores« medial beleuchtet – von seiner Errichtung bis zur Nutzung als Kirchenanlage im Mittelalter. Erbaut wurde das Tor in

← Porta Nigra: Das bestens erhaltene Tor aus dem Jahr 107 wurde in mühsamer Handarbeit und mit sage und schreibe7200 Steinquadern errichtet.

Tipp

KARL-MARX-HAUS

Das barocke Wohnhaus, in dem Karl Marx geboren wurde, ist heute ein Museum. Hier werden das Leben des Gesellschafts- und Kapitalismuskritikers des 19. Jh. sowie die Auswirkungen seiner Ideen auf globaler Ebene beleuchtet (fes.de/museum-karl-marx-haus).

mühsamer Handarbeit und mit sage und schreibe 7200 Steinquadern.

Handelsmetropole und Kaiserresidenz

Als Trier in der Spätantike zur Kaiserresidenz wurde, war die Stadt bereits eine florierende Handelsmetropole. Kaiser Konstantin der Große ließ einen Palastbezirk errichten und plante neben dem Palast eine beeindruckende Badeanstalt als Geschenk für das Volk. Ob sie je als solche genutzt wurde, ist nicht ganz klar. Heute sind vom einst opulenten Bad nur Ruinen übrig, doch die unterirdischen Bedienungsgänge können besichtigt werden.
Kaiser sein bedeutete im römischen Reich neben luxuriösen Gelagen und rauschenden Festen auch harte Arbeit. Damit endlose Besprechungen und Verhandlungen aber dennoch ein gewisses Maß an Komfort boten, ließ Konstantin bei seinem Thronsaal nicht kleckern, sondern klotzen: Die Konstantin-Basilika, der Audienzsaal des Kaisers, ist der größte säulenlose Hallenbau der Antike, ausgestattet mit Marmor und Mosaiken und einer gigantischen Fußbodenheizung, damit selbst im nasskalten Winter keiner frieren musste.

»Römer überall: Trier fühlt sich an wie ein riesiges Freilichtmuseum.«

Trotz seines Alters beeindruckend ist das Amphitheater. Einst rangen hier Mensch und Tier bei blutigen Gladiatorenkämpfen um ihr Leben, angefeuert von den begeisterten Jubelrufen der Zuschauer. Die gut 22 Meter hohen Ränge boten bis zu 18 000 Menschen Platz, die diese grausamen Spektakel liebten. Als das Theater nach dem Ende des römischen Reichs nicht mehr gebraucht wurde, nutzten es Mönchen im 13. Jahrhundert als Steinbruch und bauten auf den Rängen Wein an. Wer die Arena, die Ränge und das Kellergeschoss samt der Tierkäfige besichtigt, kann ein Schaudern nicht unterdrücken angesichts der grausamen »Brot und Spiele«, die an diesem Ort einst ausgetragen wurden.

An den meisten Zeugnissen der römischen Zeit werden sogenannte Erlebnisführungen angeboten. Soldaten, Gladiatoren oder Stadtherren in Toga bringen die Vergangenheit auf besonders lebendige Weise näher. Neben den Bauwerken selbst lassen sich in Trier auch unzählige Artefakte wie Münzen, Skulpturen und Schmuck aus der Antike bewundern. Im Rheinischen Landesmuseum warten spannende Fakten und umfassendes Hintergrundwissen sowie der größte erhaltene römische Goldschatz der Welt.

↑ Karl Marx wurde in Trier geboren - daran erinnern auch die bunten Figuren von Ottmar Hörl.
↙ Die Konstantin-Basilika, der größte säulenlose Hallenbau der Antike, war der Audienzsaal des Kaisers und hatte sogar eine Fußbodenheizung.

Im Dom St. Peter entdeckt man die Anfänge des Christentums, denn die Bischofskirche ist die älteste des Landes – mit Bauteilen aus allen Epochen der europäischen Kunstgeschichte ist der Kirchenbesuch auch gleichzeitig eine Reise durch die vergangenen 1000 Jahre.

Info

GEEIGNET
Als Wochenendausflug

WEINWANDERUNG
Wo Römer waren, darf Wein nicht fehlen. Auf dem Weinkulturlehrpfad geht es in einer Stunde in den Trierer Weinort Olewig und seine Weinstuben (trier-info.de/sehenswuerdigkeiten/weinkulturpfad).

PETRISBERG
Aussichtspunkt mit Geschichte: Auf dem Petrisberg lagerten die Römer, später errichtete die Wehrmacht hier ein Gefangenenlager. 2004 wurde das Gelände zum Ort der Landesgartenschau und zum Erholungsgebiet.

ZURLAUBENER UFER
Am Zurlaubener Ufer mit Fischerhäusern aus dem 18. Jh. macht man es sich mit Blick auf die Mosel in Biergärten und Restaurants gemütlich.

ROMANTIK HOTEL ZUR GLOCKE
In einem mittelalterlichen Fachwerkhaus warten Annehmlichkeiten wie freistehende Badewannen und ein schöner Dom-Blick auf Gäste (romantikhotel-zur-glocke.de).

ANREISE
Von Berlin in 8 Std., von Hamburg in 7 Std. und von München in 6 Std. mit der Bahn erreichbar

8 Romantisches Heidelberg

Die Wiege des Wissens

Vergesst Paris! Wenn es eine Stadt gibt, die den Platz ganz oben auf dem Treppchen der romantischsten Städte einnimmt, dann ist das zweifelsohne Heidelberg. Beweise? Hier sind sie!

Fangen wir mal so an: Die Stadt am Neckar strotzt vor Charme, und mit der malerischen Schlossruine könnte sie nicht schöner erdacht worden sein. Kein Wunder, dass sich Maler und Schriftsteller hier pudelwohl fühlten und die Neckarstadt in Gemälden und Gedichten verewigten. William Turner brachte die Schlossruine atmosphärisch auf den Malblock, Goethe, Heine und Hölderlin ließen sich von Heidelberg zu entzückten Worten hinreißen. Sänger Fred Raymond schwärmte: »Beim letzten Kuss, da hab ich's klar erkannt: Dass ich mein Herz in Heidelberg verloren. Mein Herz, es schlägt am Neckarstrand.« Das alles spricht doch schon für sich, oder?

Doch selbst wenn wir die Romantik außen vorlassen, hat Heidelberg einiges zu bieten. In erster Linie ist es eine Stadt der Bildung, deren Universität einen exzellenten Ruf genießt und in Rankings in Bereichen wie Medizin, Biowissenschaften, Physik, Chemie und Mathematik immer wieder Spitzenplätze erzielt – fast ein Dutzend Nobelpreise gingen bereits hier an den Neckar. Die Ruprecht-Karls-Universität Heidelberg wurde 1386 von Kurfürst Ruprecht I. gegründet und ist damit die älteste Universität Deutschlands. Fast 30 000 Studierende machen das gemütliche Heidelberg zu einer waschechten Studentenstadt, die mit Historie und trendigem Flair gleichermaßen bezau-

Tipp

KÖNIGSTUHL

Wer mehr Gipfelabenteuer sucht, beendet den Bergausflug nicht am Schloss, sondern auf dem Königstuhl – entweder zu Fuß über die Himmelsleiter oder mit einer der ältesten elektrischen Bergbahnen erreichbar. Oben locken ein Walderlebnispfad, ein Märchenparadies, die Falknerei und die Sternwarte zum Besuch.

→ Prächtiges Heidelberg: Von der anderen Neckarseite aus genießt man auf dem Philosophenweg Richtung Heiligenberg schöne Blicke auf die Stadt.

»Denn der schönste Platz, der hier auf Erden mein, das ist Heidelberg in Wien am Rhein.«

Kurt Tucholsky

bert. Die Universität ist nicht nur Anlaufstelle für die Studierenden, sondern auch eine erstklassige Sehenswürdigkeit. Beim Rundgang werden die Historie, aber auch das studentische Leben thematisiert. Von der altehrwürdigen Universitätsbibliothek geht es über die Peterskirche, übrigens das älteste Gotteshaus Heidelbergs, bis zum Studentenkarzer. Das historische Studentengefängnis wurde in den 1780er-Jahren errichtet und war bis ins Jahr 1914 hinein in Betrieb. Im Karzer mussten Studierende, die wegen Delikten wie nächtlicher Ruhestörung oder Unruhestiftung eingesperrt wurden, ihre Strafen absitzen – dies konnte drei Tage, aber auch mal vier Wochen dauern. Da kam Langweile auf, was man an den Wandmalereien unschwer erkennen und bei einem Besuch bewundern kann, sozusagen als frühe Graffiti. Auch der Botanische Garten gehört zur Universität; hier wachsen in tropischem Klima rund 10 000 verschiedene Pflanzen. Mit der Gründung im Jahr 1593 gehört der Garten zu den ältesten der Welt und ist auch heute noch ein Ort der Forschung und des Artenerhalts, aber auch durchaus zum Wärmetanken und Fernwehstillen geeignet.

Schlossromantik wie aus dem Bilderbuch

Durch die Hauptstraße, mit 1,6 Kilometern nebenbei die längste Fußgängerzone in Europa, geht es vorbei an Geschäften und Cafés durch die Altstadt bis zum Kornmarkt. Von hier bietet sich ein fantastischer Blick auf die Schlossruine. Und wer dadurch Lust auf einen Besuch bekommen hat, spaziert vom Kornmarkt auch direkt nach oben: Auf dem sogenannten Burgweg geht es in rund zehn Minuten bergauf zum Schloss. Wer nicht laufen will, nimmt die Bergbahn, die ebenfalls am Kornmarkt startet. Das Schöne: Der Schlosshof ist frei zugänglich, nur wer auch die Innenräume besuchen will, muss Eintritt bezahlen. Noch tiefer in das Schloss geht es bei einer Führung, und zwar in die Kasematten, die düsteren Gewölbegänge, die im Bauch des Bauwerks tief in die bewegte Geschichte führen. Heute ist das Schloss nicht nur das Wahrzeichen Heidelbergs und Inbegriff der Romantik, sondern auch eine der meistbesuchten Sehenswürdigkeiten in ganz Europa.

↗ Blick in die historische Aula der Ruprecht-Karls-Universität, der ältesten in Deutschland
← Bilderbuchromantik: Über der romantischen Altstadt Heidelbergs thront die Schlossruine, die man zu Fuß oder mit dem Bähnle erreicht.

Wer die beste Aussicht auf das Schloss nicht verpassen möchte, wechselt am besten die Neckarseite. Von der Alten Brücke geht es über den in vielen Kurven gewundenen Schlangenweg zum Philosophenweg und schließlich hinauf auf den Heiligenberg. Auf dem Weg nach oben lässt sich immer wieder die Aussicht genießen. Oben abgekommen, wartet dann ein recht skurriler Ort auf die Besucher: die Thingstätte. Das von den Nationalsozialisten zu Propagandazwecken errichtete griechische Theater ist heute ein Veranstaltungsort, der Platz für bis zu 20 000 Menschen bietet.

Info

GEEIGNET
Als Tagesausflug oder Wochenendtrip

ZUCKERLADEN
Der Heidelberger Zuckerladen in der Altstadt ist ein wahrgewordener Traum, nicht nur für Kinder, und obendrein eine echte Institution. Seit 1986 stapeln sich in dem kleinen Laden bunte Bonbons, Fruchtgummis, Lebkuchenherzen und noch vieles mehr, was das Herz eines Süßmäulchens begehrt (heidelberger-zuckerladen.de).

MACARONNERIE
Noch mehr Süßes gibt es in Form von kleinen bunten Baisers in der Macaronnerie (macarons-heidelberg.de).

HOTEL VILLA MARSTALL
So romantisch wie Heidelberg ist auch das Hotel Villa Marstall. Himmelbetten, altes Gewölbe und der Blick auf den Neckar sorgen mitten in der Altstadt für heimelige Atmosphäre (villamarstall.de).

ANREISE
Von Berlin und Hamburg aus in 5 Std. und von München in 3 Std. mit dem ICE erreichbar

9 Von Kaisern und Rabbinern – Speyer

Jüdischem Leben auf der Spur

Bevor Pogrome und der Holocaust das Judentum in Speyer nahezu auslöschten, florierte am Rhein das jüdische Gemeindeleben. Spuren davon sind bis heute gegenwärtig – und zugleich Weltkulturerbe.

Mehr als 2000 Jahre Stadtgeschichte – wenn Kopfsteinpflaster reden könnte, dann wären Speyers Gassen von unaufhörlichem Gemurmel erfüllt. Kelten siedelten auf diesem Boden, die Römer errichteten im Jahr 10 v. Chr. hier ein Lager, und die Salier bauten vor rund 1000 Jahren den Kaiserdom und machten Speyer zu einer der wichtigsten Städte des Heiligen Römischen Reichs. Als Hauptwerk der Romanik steht der Dom seit 1981 auf der Liste der UNESCO. Im Inneren zeigt sich die klare Eleganz der romanischen Architektur, und in der Krypta befinden sich die Gräber von acht Kaisern und Königen, vier Königinnen und einer Reihe von Bischöfen.

Ab 1084 siedelten sich auf Geheiß von Bischof Huzmann in der Nähe des Doms Juden und Jüdinnen um den sogenannten Judenhof an, der als Mittelpunkt der Gemeinde Dreh- und Angelpunkt wurde. An Dom, Synagoge und dem Ritualbad arbeiteten dieselben christlichen Baumeister, da Juden in dieser Zeit keine Handwerksberufe ausüben durften. Von hier aus entwickelten sich ein großes Netz an Handelsbeziehungen und eine enge Gemeinschaft mit den anderen jüdischen Gemeinden am Rhein: In Speyer, Mainz und Worms schlossen

← Der Kaiserdom, vor rund 1000 Jahren erbaut, machte Speyer zu einer der wichtigsten Städte des Heiligen Römischen Reichs.

Tipp

KAISERTAFEL

Seit 1990 wird jedes Jahr am zweiten Augustwochenende in der Speyerer Maximilianstraße die 800 m lange Kaisertafel gedeckt. Dabei werden rund 1000 Besucher nach mittelalterlichem Vorbild mit Speis und Trank verköstigt – ein Highlight im Jahreskalender (kaisertafel.com)!

»Die SchUM-Städte sind die Wiege des europäischen Judentums.«

sich die Gemeinden zu einem einflussreichen Bund zusammen.
Der Name dieses Bunds »SchUM« ist ein Akronym, das sich aus den hebräischen Anfangsbuchstaben der Städte zusammensetzt. Als besonders frühe und in einzigartiger Dichte und Vollständigkeit erhaltene Zeugnisse sind die SchUM-Stätten Zeitzeugen einer lebendigen jüdischen Tradition in Deutschland. Als sich ab 1349 die Pest in Europa ausbreitete, vermutete man in der jüdischen Bevölkerung den Ursprung – mit fatalen Folgen: Juden wurden verfolgt und Häuser in Speyer in Brand gesteckt. Das jüdische Gemeindeleben kam so nahezu zum Erliegen. Zwar wuchs die Zahl der Gemeindemitglieder im 19. Jahrhundert wieder an, doch die Machtergreifung der Nationalsozialisten warf ihre unheilbringenden Schatten voraus. Im Jahr 1939 zählte die Gemeinde nur noch 77 Mitglieder, die in den folgenden Jahren fast komplett dem Holocaust zum Opfer fielen.

Zurück zu den Anfängen jüdischen Lebens

Den Judenhof betritt man durch das Museum SchPIRA, das sich auf 80 Quadratmetern den wichtigsten Säulen der jüdischen Gemeinde widmet: Neben dem Friedhof befinden sich auf dem Areal des Judenhofs die Überreste der Synagoge, der Frauenschul und des

Ritualbads sowie der Synagogenhof und das Lehrhaus. Das Ritualbad, das Anfang des 12. Jahrhunderts errichtet wurde, ist die älteste bekannte Monumental-Mikwe weltweit. Durch ein Treppenhaus geht es in zehn Meter Tiefe zum Badeschacht. Unten zeigt sich das Bad in mystischer Stimmung, von einem Kreuzgratgewölbe überragt und von romanischen Ornamenten geschmückt. Auch die Überreste der 1104 eingeweihten Synagoge sind einmalig – sie gilt als die am besten erhaltene Synagoge des 12. Jahrhunderts in ganz Europa. Nachdem die Juden im Jahr 1534 erneut verfolgt wurden, wurde der Judenhof nicht mehr genutzt und verfiel. Erst Ende der 1990er-Jahre erschloss man das Gelände archäologisch und machte es schließlich für die Öffentlichkeit zugänglich. Heute erinnert der Judenhof sowohl an die Hochzeiten und als auch an die dunkelsten Momente der Gemeinde.

Man merkt es in jedem Winkel der Stadt: Speyer ist voller Geschichte. Mit Dom, Judenhof, dem Historischen Museum der Pfalz und dem Technikmuseum lässt sich die Vergangenheit aus gleich mehreren Blickwinkeln betrachten. Doch Speyer ist auch eine lebensfrohe Stadt, in der man den angenehmen Dingen des Lebens frönen kann: Bei schönem Wetter schlendert man am Rhein entlang und macht es sich mit einer Weinschorle am Rheinstrand gemütlich. Durch die Fußgängerzone flaniert man im Schatten des Doms zum Altpörtel, dem ehemaligen Westtor der Stadt, und wenn die Füße vom Sightseeing wehtun, geht es schnurstracks in den Biergarten des Domhofs, wo man sich mit einem kühlen Bier ganz automatisch vom gemütlichen Zeitmaß der Pfälzer anstecken lässt.

↑ In der historischen Mikvah wurden einst traditionelle jüdische Reinigungsrituale abgehalten.
↙ Wer durch die Gassen Speyers spaziert, entdeckt eine reiche Geschichte: mit Dom, Judenhof, Historischem Museum der Pfalz oder Technikmuseum.

Info

GEEIGNET
Als Halbtages- oder Tagestour

TECHNIKMUSEUM
U-Boot, Jumbojet oder Spaceshuttle: Im Technik Museum Speyer geht es von den Unterwasserwelten bis ins All (speyer.technikmuseum.de).

HAUSBRAUEREI DOMHOF
Historisches Hotel und Restaurant – besonders schön ist es im schattigen Biergarten mit hauseigenem Bier (domhof.de).

WEINSTUBE RABENNEST
In dem kleinen Weinlokal gibt es Pfälzer Weine und deftige Küche mit Saumagen und Leberknödeln; Vegetariern werden Handkäse mit Musik und Salate serviert (weinstube-rabennest.de).

HOTEL GOLDENER ENGEL
Das Hotel ist in einem Gebäude von 1857 untergebracht und liegt im Zentrum von Speyer. Es überzeugt mit stilvoller Einrichtung zwischen modern und nostalgisch (goldener-engel-speyer.de).

ANREISE
Von Berlin in ca. 6 Std., von Hamburg in 5 Std. und von München in ca. 4 Std. mit dem ICE erreichbar

10 Eine Stadt im Krater – Nördlingen

Ringsherum Geschichte

Eine Schlacht, eine kreisrunde Mauer und eine Kollision mit einem Asteroiden: Als Besucher von Nördlingen im Ries wird man zurück in die Geschichte versetzt, mal um ein paar Jahrhunderte, mal um Jahrmillionen.

Reisen wir 14,5 Millionen Jahre zurück in der Geschichte, landen wir mitten in einem gigantischen Unfallszenario, einer kosmischen Katastrophe: Ein im Durchmesser ein Kilometer großer Asteroid schlug damals mitten in die Schwäbisch-Fränkische Alb ein. Zurück blieb ein mächtiger kreisrunder Krater, der später als Nördlinger Ries bekannt werden sollte. Genau in diesem 22 Kilometer langen Einschlaggebiet, übrigens dem am besten erhaltenen Krater Europas, liegt heute das Städtchen Nördlingen. Umgeben wird die Stadt von einem rund 1800 Quadratkilometer großen Geopark, der neben dem Einschlagskrater Nördlinger Ries selbst den Riesrand und die Gebiete mit den Auswurfmassen umfasst. Und wäre das nicht schon spektakulär genug, geht es unter dem Krater auch noch ziemlich pompös zu: In den 1960er-Jahren fanden Geologen Spuren von Diamanten, die beim Einschlag entstanden – rund 70 000 Tonnen edlen Diamantenstaubs sollen unter der Stadt liegen!
Das Infozentrum in Nördlingen gibt einen kompakten Überblick über Archäologie und Besiedlungsgeschichte des Kraters und vermittelt Informationen zu Wanderungen und Radtouren durch das Ries.
Wer in der Stadt bleiben will, sollte dem RiesKrater-Museum einen Besuch abstatten: Dieses lässt das gigantische Ries-Ereignis Revue passieren und erklärt die Ursachen des Einschlags, aber auch die daraus

»Die schönsten Ecken sind rund.«

→ Nördlingen aus der Vogelperspektive: Wer den Kirchturm von St. Georg, den Daniel, erklimmt, genießt einen fantastischen Blick auf die Stadt.

RATHAUSCAFE
CONDITOREI

Tipp

GERBERVIERTEL

Ein Abstecher ins historische Gerberviertel am Ufer der Eger ist nicht nur historisch interessant, sondern auch gut für die Gesundheit: Wo einst die Gerber ihre Felle bearbeiteten, kann man heute im Fuß- und Armbad der Kneippanlage seine Durchblutung fördern.

resultierenden Folgen. Unter den Exponaten befindet sich zudem ein echtes Stück Mondstein. Das Museumsareal mit seinen Informationen rund um Asteroiden und Weltallgestein dient übrigens sogar Apollo-Astronauten als Trainingsgebiet für ihre Mondmissionen.

Jahrhundert-Schlacht bei Nördlingen

In der Menschheitsgeschichte im Ries hat sich ein anderes historisches Ereignis im kollektiven Gedächtnis der Nördlinger eingebrannt: die Schlacht des Jahres 1634. Im Dreißigjährigen Krieg bekannte sich Nördlingen zum Protestantismus, und das blieb nicht ohne Folgen – nach einer wochenlangen Belagerung durch die kaiserlich-habsburgischen Truppen kam es schlussendlich zu einer der entscheidenden Schlachten des Kriegs: der Schlacht bei Nördlingen. Inmitten des Rieses trafen hier am 5. und 6. September katholische Truppen auf protestantische, und rund 60 000 Menschen standen sich, meist ungeachtet ihrer eigenen Glaubensrichtung, gegenüber. Die Schlacht endete mit dem Verlust von 15 000 Menschenleben, dem Sieg der Katholiken und gewalttätigen Raubzügen der Sieger durch die Region. Mehr über dieses tragische Kapitel der Stadt erfährt man im Stadtmuseum Nördlingen mit seinem Schwerpunkt der Geschichte des Dreißigjährigen Kriegs oder bei der zweistündigen Themenführung auf dem Albuch und zum Schlachtfeld inmitten des Geoparks.

Nördlingen ist umgeben von einer komplett erhaltenen Stadtmauer. Durch die Lage an einer wichtigen Handelsstraße war die Stadt im Mittelalter ein florierender Ort – Händler gingen hier ein und aus und machten Nördlingen zu einem lebhaften Umschlagsplatz. Die Stadtmauer führt einmal in einem fast perfekten Kreis um den mittelalterlichen Stadtkern herum, und nirgendwo sonst in Deutschland kann man so einmal auf einem vollständig erhaltenen Wehrgang über die Stadtmauer spazieren. Auf knapp drei Kilometern geht es von Wehrturm zu Wehrturm und von einem Stadttor zum nächsten. Ganze zwölf Türme, fünf Stadttore und eine Bastei säumen den Wehrgang. Im Stadtmauermuseum am Löpsinger Tor gibt es die passenden Hintergrundinformationen zur begehbaren Verteidigungsanlage.

Einer der im wahrsten Sinn des Wortes Höhepunkte im Nördlinger Stadtbild ist die im spätgotischen Stil erbaute Kirche St. Georg. Der 90 Meter hohe Kirchturm wird von den Einwohnern liebevoll einfach nur Daniel genannt. Steigt man die Treppen bis ganz nach oben, genießt man vom Balkon des Daniels ei-

↗ Nördlingen ist umgeben von einer komplett erhaltenen Stadtmauer.
← Bei einer Wanderung durch den GEO Park Nördlinger Ries, wie hier zum Riegelberg, zeigt sich die karge Landschaft besonders eindrucksvoll.

nen Blick über die Altstadt mit ihren historischen Gebäuden wie dem Rathaus, der Alten Schranne, dem Leihhaus und dem Brot- und Tanzhaus und über das weite Ries. Auf dem Marktplatz findet übrigens mittwochs und samstags der Wochenmarkt statt, nicht nur mit regionalen Leckereien, sondern auch mit dem einen oder anderen Plausch mit den Einheimischen.

Info

GEEIGNET
Als Tagesausflug oder Wochenendtrip mit Besuch des Geoparks Ries

RIESFÜHRUNG
Mehr Informationen zur Führung über das Schlachtfeld im Ries gibt es unter noerdlingen.de/tourismus/fuehrungen.

MARIENHÖHE
Eine kleine Wanderung durch den Geopark Ries führt zur Marienhöhe am südlichen Stadtrand mit Freibad und dem Hexenfelsen, einem großen Dolomitfelsen.

CAFÉ CRATER
Am Reimlinger Tor lädt das Café Crater zum Frühstücken und Brunchen ein, am Abend gibt es Cocktails und italienische Gerichte (crater-noerdlingen.de).

2ND HOME HOTEL
Im 2nd Home Hotel geht es mit Holz und Beton stylisch zu, und es gibt viel Platz zum Arbeiten und Entspannen. Alle Zimmer sind barrierefrei und für Allergiker geeignet (2ndhomehotel.de).

ANREISE
Die Anreise mit der Bahn dauert von München 2 Std., von Hamburg 6 Std. und von Berlin 7 Std.

11 Augsburg – Fugger-Stadt am Lech

Römer, Renaissance und reiche Kaufleute

Römische Provinzhauptstadt, freie Reichsstadt, Finanz- und Handelszentrum, Fugger- und Renaissance-Stadt – »Augschburg« hat einen imposanten Lebenslauf.

Lediglich 88 Cent Jahresmiete und drei Gebete täglich – was ziemlich skurril klingt, ist in Augsburg Realität: in der ältesten Sozialsiedlung der Welt, der Fuggerei. Als 1367 der erste Fugger (damals noch mit »ck« geschrieben) nach Augsburg kam, war die Familie noch eine kleine Händlerfamilie im Webwaren- und Baumwollgeschäft. Zwei Generationen später hatten sich die Fugger zu einem der einflussreichsten und wohlhabendsten Familienunternehmen Europas etabliert. Zu verdanken war der Aufstieg ins Geldgeschäft vor allem Jakob Fugger, der als reichster Mann seiner Zeit in die Geschichte einging und sich den Beinamen »der Reiche« einhandelte. Im Jahr 1521 gründete Jakob Fugger die Fuggerei als Siedlung für bedürftige Augsburger Bürger. Heute, 500 Jahre später, besteht das Sozialwohnungsprojekt aus 67 Häusern mit 142 Wohnungen noch immer. Der Fugger nahm seine Nachfahren in die Pflicht, die Fuggerei in seinem Sinne fortzuführen: Zu den 88 Cent Kaltmiete kommen auch heute nur die Nebenkosten, ein Vaterunser, ein Glaubensbekenntnis und ein Ave-Maria für die Stifter.

Wer sich seinen Weg durch die Fuggerei bahnt, vorbei an mit Efeu bewachsenen Giebelhäusern samt

Tipp

PUPPENKISTE

Die Augsburger Puppenkiste ist das bekannteste Marionettentheater der Welt. Es befindet sich im denkmalgeschützten Heilig-Geist-Spital. Wer keine Karten bekommt, schaut sich Urmel & Co. im Museum »die Kiste« an (augsburger-puppenkiste.com).

← **Mit seinen Kanälen, Flussarmen und Brücken (hier Auf dem Rain) wird das Lechviertel auch als Augsburgs »Klein-Venedig« bezeichnet.**

»Augsburg? Weit mehr als eine Puppenkiste.«

grünen Fensterläden, fühlt sich direkt ein halbes Jahrhundert in die Vergangenheit versetzt. Gleich vier Museen sind der Geschichte dieses Ortes gewidmet: Im Museum der Geschichte und des Wohnens wird die historische Entwicklung der Sozialsiedlung beleuchtet, das Museum des Alltags thematisiert den Alltag in der Fuggerei. Den Fokus auf die Menschen legt das Museum der Bewohner, und der Weltkriegsbunker widmet sich der Zeit im Zweiten Weltkrieg, als durch Bombenangriffe fast 70 Prozent der Fuggerei zerstört wurden. Das Fugger und Welser Erlebnismuseum im Domviertel präsentiert wiederum die Geschichte der beiden bedeutendsten Augsburger Kaufmannsfamilien des späten 15. und 16. Jahrhunderts.

Neben der berühmten Fuggerei hinterließ diese Familie aber noch mehr Spuren in der Stadt: Die Fuggerhäuser in der großen Maximilianstraße, auch Stadtpalast genannt, wurden 1512–1515 errichtet; der Gebäudekomplex mit seinen Innenhöfen gilt als ein Paradebeispiel der frühen Renaissance in Deutschland. Im gleichen Zeitraum ließ Jakob Fugger auch die Fuggerkapelle in der Kirche St. Anna als Grablege für die männlichen Nachkommen der Familie errichten. Doch die Kirche rund um die Kapelle wurde evangelisch, was den erzkatholischen Fuggern so gar nicht passte. Die Epitaphe von Ulrich und Georg Fugger, also die Grabdenkmäler an der Kapellenwand, entwarf niemand Geringeres als Albrecht Dürer.

Von Römern zur industriellen Revolution

Im Zweiten Weltkrieg wurde Augsburg fast vollständig dem Erdboden gleichgemacht. Durch den sensiblen Wiederaufbau ist es aber auch heute wieder möglich, durch die »historische« Altstadt zu schlendern. Weiter entlang der prachtvollen Maximilianstraße geht es zu den Augsburger Prachtbrunnen aus der Renaissance. Ein echtes Schmuckstück ist das Weberhaus mit seinen bunten, detailreichen Fassaden. Das Rathaus aus der Renaissance imponiert vor allem mit seinem Goldenen Saal, dessen Decke in 14 Metern Höhe komplett in Gold getaucht ist. Am Dom St. Maria fällt der Blick auf die Relikte aus der Römerzeit; auch ein Teil der alten Römermauer ist hier noch erhalten. Um noch ein Highlight unter den vielen in Augsburg zu nennen: Der Rokokosaal und der Garten des Schaetzlerpalais sind ein Muss für Fans von romantisch-opulenten Prunkschlössern.

Neben dem klassischen Sightseeing lohnt sich ein Spaziergang am Wasser. Mit seinen Kanälen, Flussarmen und Brücken wird das Lechviertel auch als Augsburgs »Klein-Venedig« bezeichnet. Hier, wo man immer irgendwo das Wasser plätschern hört, ist das einzigartige Wassermanagement-System besonders deutlich, für das Augsburg 2019 in die Liste des UNESCO-Welterbes aufgenommen wurde. Diese Wasserwege versorgten von der Renaissance bis zur industriellen Revolution die Stadt mit Wasser und trennten das Trink- vom Brauchwasser – einmalig in dieser Zeit.

↑ Der Rokokosaal im Schaetzlerpalais ist ein Muss für Fans opulenter Prunkschlösser.
↙ In den efeubewachsenen Giebelhäusern der Fuggerei informieren Museen über die historische Entwicklung der ältesten Sozialsiedlung der Welt.

Info

GEEIGNET
Als Tagesausflug von München

LILIOM
Das Filmkunsttheater ist ein zauberhaftes Kino, dessen Gebäude in der Mitte des 16. Jh. als Brunnenpumpwerk diente. Durch eine Glasscheibe im Foyer sieht man den Bach draußen plätschern (liliom.de).

STADTMARKT
Der Stadtmarkt ist ein Ort für Foodies: Hier gibt es nicht nur frisches Obst und Gemüse, sondern auch Stände mit allen denkbaren Leckereien.

MORITZKIRCHE
Die im Krieg zerstörte Kirche wurde vom britischen Designer und Architekten John Pawson völlig neu gestaltet.

GRANDHOTEL COSMOPOLIS
In einem ehemaligen Altersheim wurde in einer Mischung aus Hotel, Asylbewerberunterkunft, Künstleratelier und Café ein Ort des interkulturellen Miteinanders geschaffen (grandhotel-cosmopolis.org).

ANREISE
Die Fahrt mit dem Zug dauert von München eine gute halbe Stunde, von Berlin und Hamburg 6 Std.

In den Gastgärten der Fischerau in der Altstadt Freiburgs lässt es sich bei einer zünftigen Brotzeit herrlich entspannen.

Durch den Magen

Städte schlemmend kennenlernen

12 Marzipanstadt Lübeck

Hansehauptstadt mit süßem Zahn

Haremskonfekt oder Marzipan – die süße Mandelmasse ist in Lübeck zu Hause, auch wenn der Weg hierher wohl ein langer war.

Marzipan, das gehört zu Lübeck einfach dazu. 1407 standen die Kornspeicher in Lübeck leer und eine Hungersnot drohte. Die Legende besagt, dass der Lübecker Senat einem Bäcker auftrug, Brot aus Mandeln und Zucker zu backen. Ob das wahr ist? Unwahrscheinlich, denn dafür waren Zucker und Mandeln schlicht und ergreifend viel zu wertvoll. Die Erfindung des Marzipans können sich wohl eher Bäcker aus Persien auf die Fahnen schreiben. Vom heutigen Iran gelangte die süße Mandelmasse nach Spanien und von dort nach Deutschland. Bevor es hier als Nascherei bekannt wurde, gab es Marzipan im Mittelalter ausschließlich in Apotheken, und zwar wegen seiner wohltuenden Wirkung auf Magen und Darm und als potenzsteigerndes Mittel. Als Zucker dann frei gehandelt wurde, kamen zunächst Adel, das hohe Bürgertum und Würdenträger in den Genuss der Süßigkeit. Erst im 19. Jahrhundert, mit der Verwendung des günstigeren Zuckerrübenzuckers, wurde Marzipan für alle zugänglich.

Das Traditionsunternehmen Niederegger geht zurück auf Johann Georg Niederegger, der 1803 nach Lübeck kam. Er arbeitete zunächst als Konditor in der Mareesche Konditorei, die er 1806 übernahm. Als Napoleon das Handelsembargo einführte, kamen der Handel mit Mandeln aus Sizilien und damit die Marzipanproduktion für zwei Jahre komplett zum Erliegen. Schmuggler brachten dann Rohstoffe über Helgoland nach Lübeck, und Niederegger konnte wieder in Produktion gehen. Mehr zur Firmengeschichte und Marzipanproduktion gibt es im Niederegger Marzipan-Museum zu erfahren. Und nach der Theorie muss natürlich die Praxis mit einem Stück Marzipantorte im Café des Stammhauses Niederegger in der Breiten Straße folgen. Im Shop gibt es dann noch süße Mitbringsel für zu Hause.

← Das Holstentor, das in die Altstadt führt, ist das berühmteste Gebäude der Stadt.
↗ Naschkatzen gönnen sich ein Stück Marzipantorte im Café des Stammhauses Niederegger.

Einerseits heimelig, andererseits auch wehrhaft

Mit einer guten Portion Zucker im Magen geht es alsdann auf Sightseeingtour. Die mittelalterliche Altstadt Lübecks mit den prägnanten sieben Kirchtürmen liegt malerisch auf einer Insel zwischen Trave und Elbe-Lübeck-Kanal. Das Holstentor, das in die Altstadt führt, ist das berühmteste Gebäude der Stadt. Es zierte früher den 50-Mark-Schein, heute ist es auf 2-Euro-Stücken abgebildet, und Andy Warhol machte es gar zu einem Motiv seiner Pop-Art. Im Mittelalter war das Tor Bollwerk hanseatischer Macht. Es hieß Händler willkommen und hielt die expandierenden Nachbarn auf Abstand. Nach au-

Tipp

HANSEGESCHICHTE

Das Europäische Hansemuseum ist nicht nur bei norddeutschem Schietwetter eine gute Idee. Beim Gang durch die Hansegeschichte darf man anfassen, riechen und anprobieren. Teil der Ausstellung ist auch eine der bedeutendsten Klosteranlagen Norddeutschlands (hansemuseum.eu).

»In Lübeck geht es durch das Fegefeuer direkt in die Hölle.«

ßen hin zeigt das Holstentor auf der Feldseite seine Wehrhaftigkeit, die Stadtseite zeugt mit Verzierungen vom Wohlstand der Lübecker. Im Inneren des Bogens befindet sich (zugegebenermaßen etwas schräg) eine Folterkammer.
Neben dem Holstentor liegt das alte Rathaus. Der gotische Backsteinbau gehört zu den größten mittelalterlichen Rathäusern in Deutschland. Besonders eindrucksvoll ist der alte Audienzsaal, der die Gerichtsbarkeit vergangener Zeiten bildhaft zeigt. Aus dem Saal führen zwei Türen: eine hohe, aus der die Freigesprochenen erhobenen Hauptes den Saal verlassen durften, und eine niedrigere, durch die die Schuldiggesprochenen mit gesenktem Haupt traten.
Beim Weg durch die Hansestadt lässt man sich am besten einfach treiben. Es geht durch kleine Gassen über Kopfsteinpflaster, wo man immer wieder in verwinkelten Hinterhöfen landet. Die wohlhabende Hansestadt hatte im Mittelalter einen regelrechten Bau-Boom. Jeder Platz hinter und zwischen den Häusern wurde genutzt. Es entstanden bewohnte Gänge und Buden, von denen es einmal rund 180 gab. Heute existiert noch etwa die Hälfte, von denen die meisten frei zugänglich sind. Die kleinen, liebevoll restaurierten Ganghäuschen sind Teil des Lübecker Weltkulturerbes. Zu den bekannteren Höfen zählen der Füchtingshof sowie der Glandorps Hof an der Glockengießerstraße. Etwas verstecktere Höfe befinden sich am Engelswisch oder an der Engelsgrube.
Doch in Lübeck landet man nicht nur in Hinterhöfen, sondern durch das Fegefeuer auch direkt in der Hölle. Was schaurig klingt, ist ganz unschuldig: Fegefeuer und Hölle heißen zwei der alten Straßen der Lübecker Altstadtinsel.

↗ Das Rathaus von Lübeck zählt zu den bekanntesten Bauwerken der Backsteingotik.
← Die mittelalterliche Altstadt Lübecks mit ihren sieben Kirchtürmen liegt malerisch auf einer Insel zwischen Trave und Elbe-Lübeck-Kanal.

Info

GEEIGNET
Als Tagesausflug oder Mehrtagestrip

SUP
Man kann die Altstadt auch einmal beim Stand-up-Paddling umrunden (surf-center.de/surfschule/wakenitz).

SCHIFFERGESELLSCHAFT
Die Schiffergesellschaft katapultiert Gäste mitten in die Hansezeit. An der Decke hängen Boote, auf dem Teller landet Labskaus (schiffergesellschaft.de).

GEWÖLBEFÜHRUNG
Die Gewölbe- und Turmführung in der Marienkirche bringt Besucher ins Dach hinauf. Absolut empfehlenswert! Karten sind am Kiosk in der Kirche erhältlich (st-marien-luebeck.de).

MEERWEH?
Mit dem Zug geht es in weniger als einer halben Stunde nach Travemünde oder zum Timmendorfer Strand.

DIE REEDERIN
Das kleine Hotel in einem sanierten Altstadthaus hat 7 im skandinavisch-hanseatischen Stil eingerichtete Zimmer und Suiten (die-reederin.de).

ANREISE
Mit der Bahn in 45 Min. von Hamburg, von Berlin in 4 Std. und von München in 7.30 Std. zu erreichen

13 Hansestadt Lüneburg

Auf Salz gebaut

Salz machte Lüneburg einst reich und zum Mitglied der Hanse. Bis heute werden einmal im Jahr das »weiße Gold« und sein Einfluss auf die Stadt gefeiert – auch wenn es nicht nur Segen brachte.

Ein riesiger illuminierter Steinsalzklotz, der rund 230 Millionen Jahre alt ist, begrüßt die Besucher. Dann geht es auf einer Rampe hinab in einen nachgebauten Stollen. Wir befinden uns in einer alten Salzproduktionsanlage, die heute als Deutsches Salzmuseum rund um das Salzerbe informiert. Das Salz war einst das Kapital Lüneburgs, es sicherte der Stadt über Jahrhunderte hinweg Wohlstand und Macht. Die Quelle des Wohlstands befindet sich unter der Erde: ein gigantischer Salzstock. Lüneburg ist also wahrlich auf Salz gebaut.

Um den Fund des Salzstocks ranken sich Legenden. Eine besagt, dass ein Jäger um 965 ein Wildschwein erlegte und in seinem Fell Salzverkrustungen fand. Als er die Spur zurückverfolgte, stieß er auf eine Senke, in der sich die Sau gewälzt hatte, und fand hier eine solehaltige Quelle. Die Salzsau wird bis heute in Lüneburg verehrt. Um 1300 gab es rund 50 kleine Siedehäuser in Lüneburg, das so zum größten Salzproduzenten Nordeuropas heranwuchs und das Salzmonopol der Hanse übernahm. Über Lübeck wurde das Salz, das zum Haltbarmachen von Lebensmitteln gebraucht wurde, in den ganzen Ostseeraum exportiert. Die Sülfmeistertage, die alljährlich im Herbst gefeiert werden, erinnern mit der Kür der Sülfmeister (Salzsieder) an die damaligen Herrscher der Stadt. Schon 1472 wurde das Fest urkundlich erwähnt und 2003 mit Wettkämpfen und Rahmenprogramm wieder zum Leben erweckt.

← Am Stint stehen alte Salzspeicher und ein Kran, der einst das Salz auf sogenannte Salzewer verlud, von denen heute einer im Hafen liegt.

Tipp

GRADIERWERK

Das 1907 im Kurpark errichtete und 1927 erweiterte Gradierwerk diente der Behandlung von Atemwegsproblemen. Das salzhaltige Wasser, das über Schwarzdorn-Reisig tröpfelt, tut der Lunge gut und die Pause auf der Bank den Füßen.

»Ich sehe nah und näher die Turmgebäude vielgeliebter Stadt.«

Johann Wolfgang von Goethe

Verschiedene Faktoren wie der Dreißigjährige Krieg, die Konkurrenz durch das französische Meersalz und schließlich die Ölkrise bereiteten der rund 1000-jährigen Sülfmeister-Herrschaft mit der Schließung des letzten Siedehauses 1980 ein Ende. Die Salzära brachte aber nicht nur Wohlstand, sie hatte auch einen hohen Preis. Wer durch die Altstadt Lüneburgs läuft, merkt es ganz deutlich: Zwischen dem Deutschen Salzmuseum und dem Kalkberg geht es beständig bergab. Da der Salzstock unter der Erde schrumpft (pro Jahr bis zu 13 Zentimeter), senkt sich auch der Boden ab. Die historischen Häuser wurden zwar vom Krieg verschont, fallen aber nun dem Salz zum Opfer – sie sacken ab, neigen sich, haben Risse, und viele mussten bereits abgerissen werden. Stahlträger versuchen nun das Schlimmste zu verhindern.

Vom Wohlstand der Stadt zeugen noch immer die Giebelhäuser aus rotem Backstein, z. B. Am Sande, dem größten Platz der Altstadt, wo früher tatsächlich Sand gelagert wurde. Das prominenteste Gebäude der Stadt ist aber das Rathaus, eines der größten in Norddeutschland: Es besteht aus mehreren Gebäuden entlang der Straße. Zur Erinnerung an das legendäre Wildschwein von einst hängen in seinem Inneren zwei Schweineknochen. Wer sich für

das Rathaus und seine Geschichte interessiert, kann an einer Führung teilnehmen.
Am Stint stehen die alten Salzspeicher und ein Kran, der das Salz auf sogenannte Salzewer verlud, von denen heute einer im Hafen liegt. Wo am Stintmarkt früher Fisch gehandelt wurde, sorgt heute Lüneburgs bekannteste Kneipen- und Restaurantmeile für Feierabendlaune. Lüneburg hat, auch wenn man es nicht vermuten würde, die größte Kneipendichte Europas nach Madrid. Na dann: Prost!

↑ Im Spätsommer verwandelt sich die Lüneburger Heide in ein lilafarbenes Blütenmeer.
↙ Backstein und Kopfsteinpflaster: Zahlreiche mittelalterliche Ziegelbauten prägen die Altstadt Lüneburgs und zeugen noch vom einstigen Wohlstand.

Ausflug in die Heide

Wer in Lüneburg ist, darf sich einen Ausflug in die berühmte Heide nicht entgehen lassen. Zwischen der Elbe und der Aller erstreckt sich eine der größten und letzten zusammenhängenden Heideflächen Mitteleuropas. Vor allem im Spätsommer, wenn sich die Landschaft in ein lilafarbenes Blütenmeer verwandelt, liegt der Lüneburger Heide ein besonderer Zauber inne. Neben ausgedehnten Heideflächen können Moore, Steingräber oder der Wilseder Berg, die mit gut 169 Metern höchste Erhebung der Heide und der norddeutschen Tiefebene, erkundet werden. Ob mit dem Fahrrad oder zu Fuß: Die Streifzüge durch die Heidelandschaft mit den Heidschnucken und den weiten Ebenen laden zum Durchschnaufen, Innehalten und Naturerleben ein – und das geht auch ohne Auto mit dem Bus von Lüneburg aus.

Info

GEEIGNET
Als Tagesausflug, mit Heideausflug auch als Mehrtagestrip

LÜNEBURGER HEIDE
Der Heideshuttle 5 fährt als kostenloser Freizeitbus von Mitte Juli bis Mitte Oktober mit Fahrradanhänger vom ZOB Lüneburg bis Reppenstedt.

SALZTHERME
Entspannen mit dem Thema Salz, das geht in der Salztherme. Hier kann man sich auch mal eine Salzmassage gönnen (salue.info).

LÜNEBURGER BONBONMANUFAKTUR
Für Schleckermäuler: Hier werden u. a. Salzlakritz-Pastillen, Salzlakritze und Salz-Toffees gefertigt (lgbonbon.de).

VISCVLE KITCHEN & BAR
Man serviert hier wohldurchdachte Crossover-Küche und mehr als 180 Ginsorten (viscvle.de).

ANNO 1433
Das Hotel Anno 1433 vereint historisches Ambiente und modernsten Komfort (anno-1433.de).

ANREISE
Mit dem Zug erreicht man Lüneburg von Hamburg in einer halben Stunde, von Berlin in knapp 3 Std. und von München in 6 Std.

14 Geheimtipp Halle an der Saale

Salz und Schokolade – Halles Halloren

Naschkatzen aufgepasst: In Halle an der Saale lockt die älteste bis heute produzierende Schokoladenfabrik Deutschlands alle Süßmäuler.

Seit 1804 werden in Halle die berühmten Halloren-Kugeln aus Schokolade hergestellt, die heute längst Kult sind: Rund 16,5 Millionen Schachteln der süßen Köstlichkeit laufen jedes Jahr über das Band der Hallenser Traditionsfabrik. Hinter den Toren des Unternehmenssitzes eröffnet sich mit dem Schokoladenmuseum eine echte Erlebniswelt. Zwar kommt kein Willy Wonka um die Ecke, aber die Reise beginnt mit dem Gang durch den Schiffsrumpf eines nachgebauten alten Seglers. Die Schiffsreise führt Besucher dann vom Ursprung der Schokolade bei den indigenen Völkern über den Transport der Rohstoffe bis hin zur wechselvollen Geschichte der Fabrik von der kleinen Konditorei bis zum modernen Unternehmen. Einmalig ist das Halloren-Schokoladenzimmer: Über 1400 Kilo Schokolade wurden hierbei verarbeitet. Spätestens jetzt fühlt man sich doch ein wenig wie in Tim Burtons Film »Charlie und die Schokoladenfabrik«.
Als Praline darf sich die Schokokugel übrigens nicht bezeichnen, denn statt der für Pralinen vorgeschriebenen 25 Prozent Schokoladenanteil haben die Halloren-Kugeln nur 17 Prozent. Der Grund dafür liegt in der DDR-Zeit, in der Kakao als Rohstoff äußerst knapp war. Wie die Herstellung der Halloren-Kugeln funktioniert, sieht man in der gläsernen Produktion, wo neben den Kugeln auch feinste Pralinen, Trüffel und viele weitere Schokoladenspezialitäten produziert werden. In Schokoladenseminaren lernen

Tipp

PAULUSVIERTEL

Das Paulusviertel rund um die Pauluskirche ist eines der schönsten der Stadt mit Gründerzeithäusern, kleinen Läden und Cafés – perfekt für einen Spaziergang.

→ Blick auf die gotische Marktkirche, in deren Krypta man die Totenmaske Luthers sehen kann, und zum Roten Turm, dem Wahrzeichen Halles

»Es gibt Hallenser, Halloren und Hallunken.«

Volksmund

Teilnehmer Kniffe wie das richtige Temperieren und werden dabei zu Schokoexperten. Im Fabrikverkauf gibt es dann die gesamte Palette der Halloren-Naschereien zum Mitnehmen, sogar in vegan.
Der Name Halloren geht zurück auf die gleichnamige in Halle ansässige Bruderschaft der Salzwirker. Angeblich sollen die Schokokugeln an die Uniformknöpfe der Salinenarbeiter erinnern und ihnen so den Namen eingebracht haben. Das keltische Wort »Hall« bedeutet so viel wie »Stätte der Salzbereitung«. Seit dem 15. Jahrhundert siedet die Bruderschaft der Salzwirker nach alter Tradition das Salz in der ehemaligen Königlichen Saline – und das bis heute noch regelmäßig als Schausieden für Neugierige.

Geschichtsstunde in Halle

Das Mittelalter ist auch in der Altstadt noch sichtbar, denn diese blieb in den Kriegen nahezu unzerstört. Die Bürgerhäuser und Kirchen erstrahlen frisch renoviert in altem Glanz, und mit der Burgruine Giebichenstein und der Moritzburg stehen in Halle sowohl die älteste als auch die jüngste Burg an der Saale. Vom Marktplatz und dem Roten Turm geht es vorbei am Hallmarkt zum Händelhaus, dem Geburtsort des berühmtesten Sohnes der Stadt. Zu dessen Ehren werden jährlich die Händelfestspiele ausgerichtet.
In der Marktkirche zeigt sich bei einem Gang in die Krypta etwas Besonderes: die Totenmaske und Handabdrücke des Reformators Martin Luther.
In der benachbarten Marienbibliothek, der ältesten evangelischen Kirchenbibliothek Deutschlands, sind wertvolle Originale der Luther-Bibel mit handschriftlichen Ergänzungen des Reformators zu sehen. Nach ihm wurde auch die 500 Jahre alte Universität in Halle benannt, die zusammen mit der Bundeskulturstiftung und der Leopoldina, der einzigen Nationalen Akademie der Naturforscher, den Wissenschaftsstandort Halle ausmacht.
Ein ganz besonderes Unikat folgt zum Schluss: Die berühmte 3600 Jahre alte Himmelsscheibe von Nebra, die älteste Darstellung astronomischer Phäno-

↗ Giebichenstein mit Ober- und Unterburg ist die älteste Burg an der Saale.
← Längst Kult: In der Hallenser Traditionsfabrik Halloren kommen Süßmäuler ganz auf ihre Kosten – hier gibt es Schokolade in Hülle und Fülle!

mene der Welt, ist einer der wichtigsten Funde aus der Bronzezeit und die Hauptattraktion im Landesmuseum für Vorgeschichte. Seit 2008 wird sie in Halle ausgestellt, nachdem sie 1999 in Nebra entdeckt wurde – und zwar von Raubgräbern! Erst 2002 konnte die Polizei das Fundstück sicherstellen und dafür sorgen, dass es für die Öffentlichkeit zugänglich wurde. 2013 nahm die UNESCO die Himmelsscheibe von Nebra in das Register des Weltdokumentenerbes, dem »Memory of the World«, auf. Die Himmelsscheibe ist zwar der Star des Museums, doch nur ein Teil der Ausstellung, die gut 400 000 Jahre Menschheitsgeschichte mit Mammuts, Höhlenlöwen, Grabanlagen und Rüstungen zeigt.

Info

GEEIGNET
Als Tagesausflug

BURG GIEBICHENSTEIN
Die älteste Burg an der Saale ist Burg Giebichenstein. Auf der Oberburg befindet sich das Freilichtmuseum (stadtmuseumhalle.de), in der Unterburg ist die Kunsthochschule Halle untergebracht.

MORITZBURG
Für Kunstfans ein Muss: das Kunstmuseum Moritzburg in der spätmittelalterlichen Bischofsresidenz (kunstmuseum-moritzburg.de)

ZUM SCHAD
Das Gasthaus Zum Schad serviert deftige deutsche Küche wie Schnitzel, Steak oder Roulade (gasthaus-schad.de).

THE NIU RIDGE
Das Hotel erinnert mit polygonalen Formen im Innendesign an die Salzkristalle, die Halle einst Reichtum brachten. Für Erholung sorgt die hoteleigene Sauna (the.niu.de).

ANREISE
Halle (Saale) ist gut an das Fernverkehrsnetz angebunden. Mit dem Zug von Berlin ca. 1.30 Std., von Hamburg und München gut 3 Std.

15 Fürst-Pückler-Stadt – Cottbus

Von Gurken, Eis und Baumkuchen

Für so manche ist Cottbus noch ein weißer Fleck auf der Landkarte. Dabei gibt es viel zu sehen: Parkanlagen eines exzentrischen Fürsten, mittelalterliche Stadtmauern und das schönste Jugendstiltheater Europas.

Wer Spreewald sagt, muss auch Gurke sagen, und Cottbus als Tor zum Spreewald liegt günstig nah an den knackig grünen Spezialitäten. Spreewaldorte wie Lübbenau oder Lehde sind schnell erreicht, der Gurkenradweg führt mitten durch Cottbus. Doch statt der Gurke wird hier in der Stadt eine ganz andere Spezialität gefeiert: der Baumkuchen.

Im Herz der Altstadt befindet sich die Cottbusser Baumkuchen Manufaktur. Wer durch die hohen Fenster blickt, kann live dabei zusehen, wie ein Baumkuchen Schicht für Schicht entsteht. Der Ursprung der Leckerei geht auf eine Frau namens Maria Groch zurück. Angeblich trug sie in einer ungemütlichen Adventsnacht 1819 in ihrer Backstube über einer offenen Flamme Schicht für Schicht Teig auf eine sich drehende Walze, ließ den Teig erkalten und überzog die Schichten mit Zuckerglasur und etwas Zitrone – der erste Baumkuchen war gebacken. Die Herstellung lässt sich in der Manufaktur nicht nur durch die Scheibe begutachten, es gibt auch Gruppenführungen und Verkostungen. Zum Mitnehmen wird allerlei angeboten, vom Originalrezept mit Fondant über Baumkuchen mit Zartbitter-,

← Märchenhaft: der Spreewald mit seinen wunderschönen Wasserlandschaften, den Hofläden, Restaurants und dem Spreewaldmuseum unweit von Cottbus

Tipp

SPREEWALD

Auf dem Gurkenradweg kann man bequem (immer dem Gurken-Symbol folgend) den Spreewald entdecken, mit märchenhaften Wasserlandschaften, Hofläden, Restaurants und dem Spreewaldmuseum. Natürlich geht das auch ohne Rad, z. B. von Lübbenau aus, das mit Bus oder Bahn erreichbar ist (spreewald.de).

Vollmilch- oder weißer Schokolade bis hin zur Praline. Mit einer Tasse Kaffee lässt sich das Original im Stammhaus der Conditorei und im Café Lauterbach nebenan genießen.
Frisch gestärkt geht es auf den Stadtrundgang, vorbei an mittelalterlichen Toren und Türmen zu den barocken Bürgerhäusern, die vom Reichtum vergangener Tage zeugen. Mit etwas Glück begegnet man auf dem Spaziergang dem berühmten Cottbusser Postkutscher mit seinem Posthorn. Hätte es damals schon Fernsehen gegeben, wäre der Fürst von Pückler-Muskau sicher ein Reality-Star geworden. Er war Traveller, Foodie, Künstler, Literat, ein Lebemann und Casanova und auch ein begnadeter Landschaftsarchitekt. Mit dem Branitzer Park und Schloss Branitz schuf er sein Alters- und ebenso ein Meisterwerk der Gartenkunst von europäischem Rang. Mit der historischen Parkeisenbahn, einer Schmalspurbahn von 1954 oder der Pücklerlinie 10 erreicht man ganz bequem den Branitzer Park, dessen Besuch einer Reise in eine andere Welt gleicht:

»Wer mich ganz kennenlernen will, muss meinen Garten kennen, denn mein Garten ist mein Herz.«

Fürst von Pückler-Muskau

Das Schlossensemble selbst, der Pleasureground im Innenpark und die Ornamental Farm zeugen ein wenig von Genie und Wahnsinn des Fürsten. Die Highlights sind die beiden Pyramiden, wovon eine im Wasser und eine am Land steht. Die Seepyramide ist die Grabstätte von Pückler und seiner Ehefrau Lucie. Und ganz ehrlich: Wem läuft schon seit der Erwäh-

nung des Namen Fürst Pückler nicht das Wasser im Munde zusammen? Die Legende, dass der Fürst das Eis mit Schoko, Erdbeere und Vanille selbst kreierte, ist zwar falsch, er soll das nach ihm benannte Eis aber sehr gern gegessen haben. Im Cavalierhaus neben dem fürstlichen Schloss Branitz gibt es die eisgekühlte Süßspeise zum Vernaschen.

↑ Ein ganz besonderer Genuss: der Baumkuchen, der in Cottbus erfunden worden sein soll
↙ Das Cottbusser Staatstheater, ein imposantes Schmuckstück des Jugendstils, wurde 1905 als Palast für die Bürger in Auftrag gegeben.

Cottbus, auch ein kultureller Genuss

Nicht nur bei schlechtem Wetter lohnt sich der Besuch in den Museen der Stadt. Neben dem Kunstmuseum Dieselkraftwerk auf der Mühleninsel, das auf zeitgenössische Kunst spezialisiert ist, und dem Flugplatzmuseum lockt das Brandenburgische Apothekenmuseum am Altmarkt. Es befindet sich in einer Apotheke aus dem Jahr 1515, die bis 1984 durchgehend in Betrieb war. Hier werden nicht nur Exponate präsentiert, sondern man bekommt einen Einblick in die Arbeit der Apotheker in den vergangenen 250 Jahren. Über schmale Treppen geht's dabei hinauf und hinab, durch kleine Räume und den Innenhof.

Die zweisprachigen Schilder fallen zwar auf, doch viel mehr Berührungspunkte zur sorbischen und wendischen Kultur gibt es für Besucher meist nicht. Das Wendische Museum in Cottbus schafft Abhilfe: Es widmet sich der Kulturgeschichte der Sorben und Wenden in der Niederlausitz und den Themen Glaube und Religion, Sprache und Literatur, Brauchtum und Tracht, Musik und Bühnenkunst, informiert aber auch über die Industrialisierung und ihre Folgen sowie über die Bedrohung und den Verlust von Heimat und Identität (wendisches-museum.de).

Info

GEEIGNET
Als Tagesausflug oder mit Besuch des Spreewalds als Mehrtagestrip

STAATSTHEATER
Das Cottbusser Staatstheater ist ein imposantes Schmuckstück des Jugendstils und das einzige staatliche und Mehrspartentheater in Brandenburg. Es wurde 1905 für das durch die florierende Textilindustrie zu Wohlstand gekommene Bürgertum in Auftrag gegeben: ein Palast für die Bürger (staatstheater-cottbus.de).

GEDENKSTÄTTE ZUCHTHAUS COTTBUS
Auf die Spuren der DDR-Geschichte begibt man sich in der Gedenkstätte Zuchthaus Cottbus, wo das Schicksal politisch Verfolgter aufgezeigt wird (menschenrechtszentrum-cottbus.de).

WALDHOTEL COTTBUS
Das gemütliche Hotel mit Spreewaldbezug bietet u. a. eine Sauna, einen Garten, Leihfahrräder und ein Restaurant mit Spreewälder Köstlichkeiten (waldhotel-cottbus.de).

ANREISE
Von Berlin ist Cottbus mit der S-Bahn in 1 Std., von Hamburg mit dem Zug in 5 Std. und von München in 6 Std. zu erreichen.

Gut zu Wissen ?

Was genau ist eigentlich …?

Die deutsche Küche

Von wegen Sauerkraut. Hand aufs Herz: Die Deutschen essen am liebsten Pizza und Pasta. Dass man im Ausland aber vor allem für Sauerkraut, Schnitzel und Wurst bekannt ist, kommt nicht von ungefähr. Die deutsche Küche ist vielleicht nicht besonders gesundheitsbewusst, aber weltbekannt. Doch die deutsche Küche gibt es im Grunde nicht, stattdessen sind die Essgewohnheiten von regionalen Besonderheiten geprägt.

Dank Nord- und Ostsee kommt im Norden Fisch auf den Tisch. Scholle, Hering, Kabeljau und Krabben werden täglich frisch gefangen. Ein typisches Gericht ist Labskaus mit Rollmops, und ein Fischbrötchen auf die Hand ist ein echter Klassiker an der Küste. Doch auch Wildgerichte wie der Heidschnuckenbraten aus der Lüneburger Heide oder der berühmte Grünkohl mit Pinkel sind fest in den nördlichen Regionen verankert. Für Süßmäuler gibt es Rote Grütze oder das weltbekannte Lübecker Marzipan.

Was im Ausland als typisch Deutsch empfunden wird, hat meist seinen Ursprung in Bayern. Deftiger Schweinsbraten, Haxe, das Badische Schäufele und Weißwurst bilden die fleischlastige Grundlage. Dazu gibt es Spätzle und Knödel und natürlich ein kühles Weißbier oder frisch gezapftes Helles. Die Teigwaren spielen hier auch bei den Nachspeisen eine große Rolle: Marillenknödel und Kaiserschmarrn sind an sich schon vollständige Mahlzeiten.

Zwischen Wurst und Wein

Im Westen dreht sich vieles um die Wurst. Dabei hat fast jede Region ihre Spezialitäten, ob Frankfurter Würstchen, Lyoner oder Ahle Wurst. In der Pfalz steht ein Gericht für die ganze Region: der Pfälzer Saumagen, der dank Altkanzler Helmut Kohl weltweit bekannt wurde. In der Pfalz, Rheinhessen oder Baden darf ein Gläschen Wein, vor allem Riesling oder Silvaner, zum Essen nicht fehlen.

Die Currywurst wurde 1949 angeblich in Berlin erfunden. Heute ist sie ein Klassiker, auch wenn der Döner das schnelle Essen auf die Hand abgelöst hat. Traditionell, aber etwas aus der Mode gekommen, ist das Eisbein, das noch in einigen Berliner Wirtshäusern auf den Teller kommt. Thüringen hat gleich zwei Leibgerichte, Rostbratwürste und Klöße. Der Exportschlager aus dem Osten ist eine Weihnachtsspezialität: der Dresdner Stollen.

Auch heute legen die Regionen Wert auf ihre traditionelle Küche. Als Besucher lohnt es sich, die Essgewohnheiten kennenzulernen. Das gehört zu einem Urlaub ja auch irgendwie dazu – und das nicht nur in Thailand. Wer sich vegetarisch oder vegan ernährt, kann mit der fleischlastigen deutschen Küche an Grenzen stoßen. Doch gibt es vermehrt auch vegetarische Gerichte wie Käsespätzle, Reiberdatschi oder notfalls Süßspeisen und pflanzenbasierte Currywürste, Döner oder Sonntagsbraten sind längst auf dem Vormarsch – guten Appetit!

↑ Regionale Besonderheit: Im Norden Deutschlands, an Nord- und Ostseeküste, ist ein Fischbrötchen auf die Hand ein echter Klassiker.
↖ Deftiges gibt's in Bayern: Zur Schweinshaxe mit Knödeln und Sauerkraut wird gern ein süffiges Helles getrunken.

16 Diva Düsseldorf

Rheinisches Lebensgefühl zwischen Kö und Biertheke

Zum tropfenden … äh … im goldenen Kessel: Wir sind nicht mit Harry Potter auf dem Weg zur Winkelgasse, sondern ohne ihn in die Düsseldorfer Altstadt – zur längsten Theke der Welt.

Wer nun einen überlangen Holztresen sucht, wird hier nicht fündig. Gemeint ist dieser Superlativ vielmehr im übertragenden Sinn: Würde man alle Theken der knapp 300 Kneipen der Düsseldorfer Altstadt aneinanderreihen, käme man auf die längste Theke der Welt. Wie lange die denn nun wäre? Die Mühe, das nachzurechnen, hat sich wohl noch keiner gemacht.

Ins Glas kommt in Düsseldorf selbstverständlich Alt. Schumacher Alt, Uerige, Brauerei Kürzer, Füchschen Alt, Schlüssel Alt und seit 2011 Gulasch Alt – sechs unterschiedliche, aber alle in Düsseldorf gebraute Altbiere. Das Brauen hat in der Heimat des Altbiers Tradition, geht es doch zurück bis in die Antike. Das Wort Alt bezieht sich auf die traditionelle alte Brauart der obergärigen Braunbiere, die im Gegensatz zur »neuen« Brauart der untergärigen hellen Lagersorten standen.

In den Brauereien wird das typisch rheinische Lebensgefühl am besten deutlich. An den langen Holztischen trinkt man nicht nur abends, sondern gern auch mal schon zur Mittagszeit. Die Einheimischen stellen sich am liebsten zu den Tischen, wo schon andere stehen. Das frisch gezapfte Altbier bringt der »Köbes«, und dies eher mürrisch, denn das gehört hier zum guten Ton. Dem ersten Bierchen folgt schnell ein zweites, und der stetige Biernachschub hört erst dann auf, wenn man einen Deckel auf sein Glas legt.

Wer nach Düsseldorf kommt, braucht also keine Angst zu haben, auf dem Trockenen sitzen zu bleiben. Entweder geht es auf eigene Faust rund um die Bolkerstaße zum Alt-Hopping oder mit Anleitung bei einer Alt-Safari, bei der die »Big Five« auf dem Plan stehen – selbstverständlich geht es dabei nicht um Elefanten & Co., sondern um die fünf hiesigen Brauereien. Neben der Verkostung der Biere lernt man auch alles Wissenswerte über das Düsseldorfer Alt und unternimmt eine Brauerei-Besichtigung. Treffpunkt ist vor dem Schlossturm auf dem Burgplatz.

Doch Düsseldorf ist natürlich noch mehr als Bier und Theke. Am besten unternimmt man vor dem Brauereien-Hopping noch eine kleine Sightseeingtour. Die vielleicht größte und bekannteste Sehenswürdigkeit ist dabei eine Straße: die weltbekannte »Kö«. Düsseldorf und seine Königsallee, das gehört einfach zusammen. Auch wenn es hier angesichts der hochpreisigen Waren vielleicht nur für einen Schaufensterbummel reicht – ein bisschen Schlendern und Durch-die-Scheiben-Spähen darf beim ersten Besuch in Düsseldorf nicht fehlen. Der Weg führt dann aber doch recht schnell zum Rhein. Besonders bei gutem Wetter lockt der Fluss die Men-

← Am Düsseldorfer Medienhafen kann man die begeisternden Türme Frank Gehrys bewundern.
↗ Ein regionales Altbier trinkt man am besten in der Abendsonne am Paradiesstrand.

Tipp

SOUND OF DÜSSELDORF

The Sound of Düsseldorf widmet sich der musikalischen Seite der Stadt und Bands wie Kraftwerk oder den Toten Hosen. Lokale Musik-Journalisten zeigen legendäre Clubs und Kneipen, die passende musikalische Untermalung gibt es natürlich dazu (duesseldorf-tourismus.de).

schen ganz automatisch an seine Ufer – ob entspannt am Stadtstrand an der Rheinkniebrücke, am Paradiesstrand am Düsseldorfer Hafen, zum Mittagessen in den Kasematten oder einfach zum Spazieren: An der Rheinpromenade mit Blick auf das Wasser und die vorbeifahrenden Schiffe könnte man den ganzen Tag verbringen.
Hobbyfotografen mit Liebe zur Architektur dürfen die Häuser des Star-Architekten Frank Gehry am Medienhafen nicht verpassen: An den glänzenden, geschwungenen und schiefen Wänden kann man sich mit den Kameraeinstellungen so richtig austoben. Den besten Rundumblick gibt es zweifelsfrei vom Rheinturm. Alternativ und kostenlos ist der Blick von der Brücke am Medienhafen oder auf dem Rückweg von der Oberkasseler Brücke. Mit einem Bier am Fortuna-Büdchen genießt man abschließend den Blick auf den Sonnenuntergang über dem Rhein, den Wiesen und der Altstadt am besten.

»Im Sommer ein Paradies, auch im Winter höchst erfreulich.«

Johann Wolfgang von Goethe

Deutschlands einzige Japantown

Kulinarisch hat Düsseldorf nicht nur Alt zu bieten, es gibt auch ein Alleinstellungsmerkmal, das wohl nur die wenigsten kennen werden: Düsseldorf hat die größte japanische Community Deutschlands. Kein Wunder also, dass im Zentrum zwischen Kö und Hauptbahnhof zahlreiche japanische Restaurants zu finden sind. In der Regel kann man hier nicht reservieren, und so stellt man sich brav in die Warteschlangen, die sich regelmäßig abends vor den verschiedenen Restaurants bilden. Ob Takumi Chicken & Veggie, Takumi Spicy Tan Men oder wie sie auch immer heißen: Sobald man einen Platz ergattert und sich auf den meist bebilderten Speisekarten eine Ramen-Suppe ausgewählt hat, wird man nicht enttäuscht werden. Würzig, heiß und für Vegetarier und Veganer mit Gemüsebrühe und Fleischersatz – so geht Comfort Food.

↗ An der Rheinuferpromenade lässt es sich herrlich flanieren und einkehren.
← Die vielleicht größte und bekannteste Sehenswürdigkeit ist die weltbekannte »Kö«: Düsseldorf und seine Königsallee, das gehört einfach zusammen.

Info

GEEIGNET

Als Wochenendausflug

K20 UND K21

Die Kunstsammlung NRW an den beiden Standorten ist Pflichtprogramm für Kunstfans. Spektakulär: die Netzinstallation »in orbit« von Tomás Saraceno über die Piazza des K21 (kunstsammlung.de).

STREET-ART

Wer Street-Art liebt, sollte in Düsseldorf die Kamera immer bereithalten: ob die Mosaikwand am Burgplatz, an der Rheinpromenade in den Nischen der Mauer, in der Kiefernstraße oder bei den Stationen der Wehrhahn-Linie.

25HOURS DIE TOUR

Parlez-vous français? Crémant und Austern zum Frühstück gibt es im 25Hours Die Tour im französischen Viertel. Außerdem den typischen 25hours-Komfort mit Boom-Box, Sauna und kostenloser Minibar (25hours-hotels.com/hotels/duesseldorf/das-tour).

ANREISE

Mit der Bahn in 4.30 Std. von Berlin, in 3 Std. von Hamburg und in 5 Std. von München erreichbar

BASSANESE

17 Rauchbier-Metropole Bamberg

Wenn Rom und Venedig an der Regnitz liegen

Das Bamberger Land ist Bierland durch und durch – und Bamberg seine Hauptstadt. Wer zum Biertrinken kommt, muss sich auf ein paar Eigenheiten einlassen und darf seine Geschmacksknospen mit Neuem vertraut machen.

Wer gern Bier trinkt und sich am liebsten ein herbes Pils oder vollmundiges Helles einschenkt, muss sich in Bamberg ein wenig umstellen: Hier kommt Rauchbier ins Glas. Wer sich jetzt ein Bier vorstellt, das irgendwie nach geräuchertem Schinken schmeckt, liegt gar nicht so falsch. Und ja: Das ist so gewöhnungsbedürftig, wie es klingt. Beim Rauchbier wird das Malz durch den Rauch von Buchenholz getrocknet, was für den rauchigen Geschmack sorgt.

Eine Chance muss man dem Bamberger Rauchbier definitiv geben. Am besten begibt man sich dafür in die Hände eines Experten und schließt sich einer kulinarischen Führung samt Brauereibesuch an. Bei einer Tour rund ums Bier gibt es Verkostungen und Einblicke in die fränkische Braukunst. Der bekannteste Ort zur Verkostung eines Rauchbiers (oder auch mehrerer) ist das Schlenkerla in der Dominikanerstraße mit seinem »Aecht Schlenkerla Rauchbier«. Alternativ bietet sich der Spezialkeller an, wo man sein Bier mit bester Aussicht genießt. Was anderswo der Biergarten, ist in Bamberg der »Keller« – doch keine Sorge, man sitzt nicht im dunklen Bierkeller, sondern auf dem Keller und unter Kastanien. Die

← Vor dem Alten Rathaus sitzt es sich besonders am Abend gemütlich, bei einem »Aecht Schlenkerla Rauchbier« und einem Ofenschäufela.

Tipp

GONDELFAHRT DURCH KLEIN-VENEDIG

In Bamberg kann man stilecht in einer original venezianischen Gondel durch das Wasser schippern – Lagunenflair auf der Regnitz! Wer mitfahren will: Eine Fahrt kann über das Gondeltelefon arrangiert werden, und 30 Minuten kosten 60 Euro pro Gondel (gondel.info).

flachwurzelnden Bäume wurden gepflanzt, um das Bier, das in den Gewölbekellern darunter gelagert wurde, kalt zu halten.
Im Jahr 1818 brauten in Bamberg 65 Brauereien Bier, heute sind es noch etwa ein Dutzend. Wie viele genau, das ist fast eine philosophische Frage und Ansichtssache, denn es gibt neun Traditionsbrauereien, wobei zwei davon mittlerweile zusammengehören. Dazu kommen kleine Craft-Beer-Brauereien, andere brauen nur für den Eigenbedarf, wiederum andere lagern Produktionsschritte aus. Und zur Beruhigung für alle, die sich mit dem Rauchbier so gar nicht anfreunden können: Es gibt auch Pils, Lager, Helles, Märzen, Keller, Dunkles, Weizen, Bockbiere usw. Wem hingegen das Rauchbier noch nicht exotisch genug ist, der geht in die Bierothek und deckt sich mit »Bier to-go« ein: Hier dreht sich alles um Craftbiere, und die können nicht verrückt genug sein. Gurke, Kürbis, Marshmallow? Da klingt das Rauchbier ja schon fast normal. Neben dem Bierverkauf werden in der Bierothek zudem Biertastings und Bierseminare angeboten.

Tipp

SANDKERWA

Wer Bamberg im Festgewand erleben will, kommt zur Sandkerwa im August. Das traditionelle Volksfest gehört zu den größten in ganz Bayern: Fünf Tage lang wird in der historischen Altstadt rund um die Sandstraße die Weihe der St.-Elisabethen-Kirche gefeiert. An zahlreichen Ständen wird das Bier der lokalen Brauereien ausgeschenkt, und Höhepunkt ist das traditionelle Fischerstechen vor der Kulisse Klein-Venedigs. Zum Abschluss gibt's ein großes Feuerwerk (sandkerwa.de).

Sieben Hügel, sieben Brücken

Doch auch wenn wir uns in Bamberg ausschließlich dem Bier widmen könnten, es gibt noch so viel mehr zu erleben! Eine Stadt auf sieben Hügeln, sieben Brücken in der Altstadt: Bamberg klingt von Anfang an märchenhaft. Im »Fränkischen Rom« kann man die mehr als 1000-jährige Stadtgeschichte wie in einem offenen Buch lesen. Die Altstadt hat den Zweiten Weltkrieg unbeschadet überstanden und ist heute als größtes erhaltenes Altstadtensemble Europas nicht nur Weltkulturerbe, sondern auch eine lebendige Geschichtsstunde.
Das Bamberger Weltkulturerbe verteilt sich auf die Bergstadt, die Inselstadt und die Gärtnerstadt. Auf dem Domberg, dem berühmtesten der sieben Hügel, erhebt sich der markante Kaiserdom mit seinen unverkennbaren vier Türmen. Er wurde ab dem 11. Jahrhundert im Stil der Romanik errichtet und beherbergt das einzige Papstgrab Deutschlands. Das Grab von Papst Clemens II. ist allerdings nur bei Domführungen zu besichtigen. Rund um den Dom gibt es weitere Sehenswürdigkeiten wie die Alte Hofhaltung: Hier befanden sich die bischöflichen Wohn- und Wirtschaftsgebäude, die teilweise noch aus dem 11. Jahrhundert stammen. Auch die Neue Residenz samt Rosengarten, die die Alte Hofhaltung in ihrer Funktion als Sitz der Fürstbischöfe ablöste, lohnt einen Besuch. Man merkt schnell: Für Bamberg braucht man etwas mehr Zeit.
Die von der Regnitz fast schon liebevoll umarmte Inselstadt war ganz in der Nähe der bischöflichen Bergstadt einst das Zentrum des bürgerlichen Bambergs. In der alten Bürgerstadt lebten Handwerker und Kaufleute, heute flaniert man hier durch die Fußgängerzone. Als man im 15. Jahrhundert das Alte Rathaus plante, stand man vor der Frage:

»Bamberg verlässt man am besten mit einem Blumentopf unterm Arm.«

↑ Mit Booten und Kähnen kann man durch das Klein-Venedig Bambergs gondeln.
↓ In Bamberg gibt es ein großes Angebot für Biertouren inklusive Brauereibesuch und Verkostung.

Wohin damit? Gehört das Rathaus in die weltliche Insel- oder in die geistliche Bergstadt? Zur Lösung dieser Misere wurde man kreativ und errichtete das Rathaus kurzerhand genau dazwischen – mitten im Fluss. Heute ist das gotisch-barocke Rathaus mit seinem Fachwerk und den schmucken Fresken der größte Blickfänger und das Wahrzeichen der Stadt. Den schönsten Blick auf das Rathaus hat man von der Brücke Geyerswörthsteg. Vom Alten Rathaus wiederum genießt man einen guten Blick auf die ehemalige Fischersiedlung Klein-Venedig: Hier ste-

»Wir haben nicht Florenz, und wir haben nicht Venedig, aber wir haben Bamberg, nur wissen das viele nicht.«

DIE ZEIT, 1973

hen schmucke Häuschen mit Fachwerk, Schieferplatten und blumengeschmückten Balkonen, die wie die Orgelpfeifen eng aneinandergeschmiegt das Ufer säumen. Kähne und Boote wippen an den Anlegestellen im Wasser, die Sonne glitzert auf den Wellen. Wer will, kann auch mit einem Ausflugsboot oder mit dem SUP oder Kanu an der ehemaligen Fischersiedlung vorbeischippern.

Bamberger Zwiebeltreter

Der Name Gärtnerstadt kommt nicht von ungefähr. Bereits seit dem 14. Jahrhundert wird hier Gemüse angebaut, und das ohne Unterbrechung bis heute. Die innerstädtischen Gemüsegärten liegen wie kleine versteckte grüne Oasen inmitten des dicht bebauten Viertels. Von der Straße aus sind die Gärten oft gar nicht zu sehen. Erst wenn man durch einen Torbogen oder durch das davor liegende Gärtnerhaus schreitet, entfaltet sich die ganze Gartenpracht. Bekannt wurde Bamberg vor allem für den Zwiebelanbau, und bis heute hat sich der Spitzname Bamberger Zwiebeltreter gehalten. Aber auch das Bamberger Süßholz war im Mittelalter als Süßungsmittel und Grundzutat für Lakritz bekannt und wurde bis

↑ Möglicherweise für den einen oder anderen gewöhnungsbedürftig: das Bamberger Rauchbier
↙ Das Alte Rathaus mitten im Fluss ist mit seinem Fachwerk und den schmucken Fresken der größte Blickfänger und das Wahrzeichen der Stadt.

nach Venedig transportiert. Durch die Gärtnerstadt geht es entweder über einen fünf Kilometer langen Rundweg mit 18 Themenstationen entlang der Gärten oder frei Schnauze durch die Gärtnereien, wo sich auch heute noch Einheimische und Besucher mit Blumen und Gemüse eindecken können.

Info

GEEIGNET

Als Wochenendtrip oder Mehrtagesurlaub

BIERTOUREN

Angebote für Biertouren inkl. Brauereibesuch und Verkostung gib es unter bamberg.info/bierschmecker-angebote.

ALTENBURG

Auf der Burg gibt es eine schöne Aussichtsterrasse, rustikale Brotzeiten und Spezialitäten aus der Region wie Ofenschäufela und Rehkeule. Ein veganes und ein vegetarisches Hauptgericht stehen ebenfalls auf der Karte (restaurant-altenburg.de).

LIMEHOME

Die beiden Limehome-Apartments in Bamberg liegen zentral, sind modern eingerichtet und bieten mit Küchenzeile Komfort und Unabhängigkeit (limehome.com).

ANREISE

Bamberg ist gut an das ICE-Netz zwischen Berlin und München angebunden: Von Berlin aus dauert es mit dem Zug knapp 3 Std., von München 2 Std. und von Hamburg rund 5 Std.

18 Moselstädtchen Traben-Trarbach

Weltweinstadt und Jugendstil-Juwel

Um 1900 waren die Steillagen-Rieslinge von der Mosel die teuersten Weine der Welt – die hiesigen Weine setzten weltweit Maßstäbe für Qualität und die höchsten Preise und waren doppelt so teuer wie die edlen Tropfen aus Bordeaux oder dem Burgund.

Wer heute durch Traben-Trarbach schlendert, würde bei allem Charme nicht auf die Idee kommen, dass der Moselort um die Jahrhundertwende als eine der bedeutendsten Weinhandelsstädte weltbekannt und nach Bordeaux der zweitgrößte Weinumschlagsplatz Europas war. Als protestantische Enklave an der katholischen Mosel und mit engen Beziehungen zu Preußen konnte sich ein florierender Weinhandel entwickeln, der die Moselweine bis nach Großbritannien und Übersee brachte. Die reichen Weinhändler ließen sich prächtige Jugendstilvillen errichten, was den Stadtbummel durch die Doppelstadt an der Mosel heutzutage zu einem Schaulaufen durch die Belle Époque macht.

Im Gegensatz zu Touristenmagneten wie Cochem geht es in Traben-Trarbach eher beschaulich zu. Dabei ist der Glanz der Blütezeit noch immer zu spüren und zu sehen. Vorbei an den historischen Wahrzeichen wie dem Brückentor und eingerahmt von der Burgruine Grevenburg und der Festung Mont Royal muss sich das schmucke Traben-Trarbach wirklich nicht hinter seinen Nachbarn an der Mosel verstecken.

Tipp

MONT ROYAL

Ein Besuch auf dem Mont Royal gehört fast schon zum Pflichtprogramm – berühmt berüchtigt durch den Cyberbunker, beliebt wegen der verwunschenen Gänge der Festungsruine. Und im Hochseilgarten Mosel Adventure Forest kann man sich auspowern (adventureforest.de).

→ Die prächtigen Jugendstilvillen der reichen Weinhändler von einst machen den Stadtbummel durch Traben-Trarbach zum Genuss.

POSTAMT

> »Der Riesling, die ›Königin der weißen Reben‹, brachte der Stadt großen Reichtum.«

Doch schauen wir noch einmal auf die Blütezeit der Stadt. Die gestiegene Nachfrage nach dem Moselwein sorgte dafür, dass sich in Traben-Trarbach etwa 100 Kellereien und Händler niederließen und von hier ihre Weinfässer über Schienen oder per Boot in die ganze Welt exportierten. Um die Mengen an Wein lagern zu können, nutzte man nicht nur die teilweise jahrhundertealten Keller, sondern vergrößerte diese zudem immer mehr. Teilweise schlug man mehrstöckige Gewölbe in den Schiefer und schuf eine Unterwelt, die sich bis heute ganze 20 Kilometer unter der Stadt erstreckt. Eine Führung, für die man sich bei der Tourist-Information anmelden kann, zeigt diese unterirdische Welt des Weins: Bei einem Gläschen Riesling kann man die Größe der Gewölbe bestaunen und mehr zur Geschichte und der sogenannten Kellertechnik hier in Traben-Trarbach erfahren. Einmalig atmosphärisch wird es dann von November bis Dezember, denn dann sind die Kellergewölbe für den Mosel-Wein-Nachts-Markt geöffnet und heißen Besucher in einem ganz besonderen Ambiente willkommen.
Der enorme Wohlstand sorgte für einen regelrechten Bauboom an der Mosel. Der bekannteste Architekt Bruno Möhring war wegen des Brückenbaus herberufen worden, der die bis 1904 eigenständigen Gemeinden Traben und Trarbach verbinden sollte. Möhring soll sich in die Stadt verliebt haben, und so entstanden in den darauffolgenden Jahren weitere Bauwerke des Architekten, die bis heute ihren Charme versprühen. Ob Villa Huesgen, Hotel Bellevue oder die Weinkellerei Julius Kayser – die opulenten Jugendstilvillen Möhrings wurden zum Markenzeichen der Stadt.

Kleinod mit Kulturprogramm

In der der ehemaligen Weinkellerei Julius Kayser geht es heute nicht mehr um Wein, stattdessen befindet sich hier das Buddha-Museum mit 2000 Buddhafiguren aus über 2000 Jahren – eine in Europa einmalige Sammlung. Die Figuren, Bilder und Installationen führen durch eine jahrtausendealte Kultur und zeigen vor allem, wie unterschiedlich der Buddhismus in der Welt gelebt wurde und noch immer wird. Eine äußerst interessante Zeitreise in einmaliger Kulisse, für die man sich ein paar Augenblicke mehr gönnen sollte. Die Sammlung geht auf Wolfgang Preuß zurück, der auch das 5-Sterne-Hotel Ayurveda Parkschlösschen gründete.
Entlang der Museums-Zeile reihen sich das Mittelmosel-Museum, das Haus der Ikonen sowie das Zeitreise-Museum, das einen in die Wirtschaftswunderzeit versetzt, aneinander. Im Stadtteil Traben gibt es sogar das einzigartige Schuh Styling Museum.

↗ Blick von der Grevenburg über die Mosel hinweg auf Traben-Trarbach
← Bei einem Glas kühlem Riesling lässt es sich am Moselufer herrlich rasten – einst wurde der Moselwein per Boot in die ganze Welt exportiert.

Ein Ausflug nach Traben-Trarbach wäre nicht vollständig ohne einen Besuch an der Moselpromenade in Traben. Auf einer Ausflugsschifffahrt lassen sich die Stadt, die sich entlang beider Ufer erstreckt, und die Weinberge an den Hängen in ihrer ganzen Pracht bewundern. Mehr Infos zu den Touren, wie z. B. der Halbtagesfahrt Traben-Trarbach–Bernkastel, gibt es unter moselrundfahrten.de.

Info

GEEIGNET
Als Mehrtagesausflug in Kombination mit anderen Moselstädten

AYURVEDA-PARKSCHLÖSSCHEN
Das 5-Sterne-Hotel hat sich ganz der fernöstlichen Heilkunst verschrieben (ayurveda-parkschloesschen.de).

MOSELWEIN-FESTIVAL
Am zweiten Wochenende im Juli locken Wein und Feuerwerk ans Moselufer in Trarbach (traben-trarbach.de/de/moselweinfestival).

DIE GRAIFEN
Schönes Ambiente im Wintergarten, saisonale Karte mit leckeren Gerichten (graifen.de)

MOSELGLAMPING
Direkt an der Mosel, umgeben von Weinreben, wartet im verwunschenen Garten einer 160 Jahre alten Villa ein Safarizelt mit Flussblick auf Gäste (moselglamping.jimdofree.com).

ANREISE
Von Berlin in 8 Std., von Hamburg und von München in ca. 7 Std. mit der Bahn erreichbar. Die Moselweinbahn verbindet mehrere Moselorte miteinander (moselweinbahn.de).

Schmidt-Honig

19 Lebkuchen-Hauptstadt Nürnberg

Wo es nicht nur im Advent besinnlich ist

Wenn der Christkindlesmarkt, einer der ältesten Weihnachtsmärkte in Deutschland, den Hauptmarkt in Lichterglanz hüllt, aus den Buden der Duft von Glühwein und Rostbratwurst strömt, ist Nürnberg in seinem Element. Hier könnte immer Weihnachten sein!

Genauso wie der Christkindlesmarkt gehören Lebkuchen zum Kennzeichen der Stadt – und die kann man hier nicht nur zur Weihnachtszeit verkosten. Die mittlerweile weit über die Grenzen bekannten Köstlichkeiten gehen auf fränkische Klosterbrüder zurück, die das süß-würzige Gebäck bereits im 14. Jahrhundert herstellten. Dass sie überhaupt die exotischen Gewürze wie Zimt, Nelken, Kardamom und Mandeln zur Verfügung hatten, lag an der günstigen Lage Nürnbergs an den Handels- und Gewürzstraßen. Die Lebkuchen wurden schnell zum Verkaufsschlager: 1643 wurden 14 Mitglieder in die geschworene Lebküchnerzunft eingetragen. Die Rezeptur des süßen Backwerks war damals so geheim, dass der Rat den Lebküchnern verbot, die Stadt zu verlassen. Noch heute schwört jeder Bäcker auf sein eigenes geheimes Rezept, dessen Gewürzmischung immer ein wenig variiert und von Generation zu Generation weitergetragen wird. Die nach

← Der Nürnberger Christkindlesmarkt ist wohl der berühmteste seiner Art auf der Welt – und sollte am besten das ganz Jahr über stattfinden.

Tipp

ALBRECHT-DÜRER-HAUS

Das historische Wohnhaus Albrecht Dürers informiert über den Ausnahmekünstler und seine Zeit. Ab 1509 wohnte und arbeitete der berühmte Künstler im imposanten Fachwerkhaus, das im Krieg unzerstört blieb und heute eines der wenigen erhaltenen Bürgerhäuser aus dem 16. Jh., der Blütezeit Nürnbergs, ist. Besucher erwartet eine authentische Atmosphäre und jede Menge Hintergrundwissen (museen.nuernberg.de/duererhaus).

Tipp

FELSENGÄNGE

In die Nürnberger Unterwelt geht es durch einzigartige Felsenkellergänge, die sich unter der Stadt erstrecken. Ein Guide bringt Neugierige mitten hinein in die Gewölbe, die im Mittelalter in den Felsen geschlagen wurden. Man verwendete die Keller zum Gären des Bieres, zum Einlagern von Gurken und im Zweiten Weltkrieg als Bunker. Für Mutige wartet in den Katakomben ein Escape Room (historische-felsengaenge.de).

der Tochter eines Nürnberger Lebküchners benannten Elisenlebkuchen sind die Meisterstücke der Zunft. Sie müssen aus mindestens 25 Prozent Nüssen bestehen und maximal zehn Prozent Mehl. Seit 1996 ist der Nürnberger Lebkuchen europaweit eine »geschützte geografische Angabe«.
Beim ältesten Traditions-Lebkuchenhersteller Wicklein kann man sich nicht nur mit dem Oblatengebäck eindecken, die Lebküchnerei am Hauptmarkt lockt auch mit Lebküchner-Workshops, bei denen man sich im Lebkuchen-Streichen versuchen darf. Wer das Wissen über Lebkuchen mit Sightseeing und einer kleinen Zeitreise verbinden möchte, nimmt an einer historischen Kostümführung teil: »Von Lebkuchen und Launen, Liebe und Lustbarkeiten« verspricht kurzweilige Unterhaltung.

»In Nürnberg locken neben Lebkuchen auch Rostbratwurst, Schäufele und natürlich Bier.«

Fürs leibliche Wohl ist gesorgt

Auch wenn Nürnberg die unbestrittene Lebkuchen-Hauptstadt ist – das Gewürzgebäck ist hier nicht die einzige kulinarische Besonderheit. Wer gern Fleisch isst, kann die fränkische Hauptstadt nicht ohne den Genuss einer Nürnberger Rostbratwurst verlassen, und auch ein Schäufele mit Kloß sollte man mindestens einmal probiert haben. Die Nürnberger lieben ihre Bratwurst so sehr, dass dieser sogar ein Bratwurstmuseum in der Bratwurstgasse 1 gewidmet wurde. Flüssige Gaumenfreuden verspricht das Nürnberger Rotbier, das schon seit dem Mittelalter in Nürnberg nach dem Reinheitsgebot gebraut wird. Charakteristisch ist das geröstete Malz, das dem Bier seinen Geschmack und die Karamellfarbe verleiht. In der Hausbrauerei Altstadthof wird das Bier üblicherweise in der Literflasche verkauft.
Nachdem wir uns um das leibliche Wohl gekümmert haben, können wir uns dem Sightseeing zuwenden. Die Kaiserburg ist die Sehenswürdigkeit Nummer eins in Nürnberg – majestätisch liegt sie auf einem Hügel oberhalb der Altstadt. In einer Viertelstunde Fußweg steigt man hinauf und genießt dann von der Freiung den Blick über die Stadt mit ihren Fachwerkhäusern und engen Gassen. Die zweigeteilte Festungsanlage besteht aus Kaiserburg und Burggrafenburg und wurde ab dem 11. Jahrhundert immer wieder erweitert. In der vorderen Burggrafenburg war der Burggraf zu Hause, der sich um die Verwaltung des Reichsguts und die Ordnung kümmerte; in der Kernburg residierten Kaiser und Könige.
Dank der engen Verbindung zum Königtum und der Lage am Kreuzungspunkt wichtiger Fernstraßen war Nürnberg im späten Mittelalter einer der

↗ Hochherrschaftlich und erhaben zeigt sich die Kaiserburg über der Stadt im Abendlicht – die Sehenswürdigkeit Nr. 1 in Nürnberg.
→ Wer Fleisch liebt, kann die fränkische Hauptstadt nicht ohne den Genuss einer echten Nürnberger Rostbratwurst verlassen.

bedeutendsten Dreh- und Angelpunkte, und die Burg repräsentierte die Macht und Bedeutung des Heiligen Römischen Reichs Deutscher Nation und der Reichsstadt Nürnberg. Zahlreiche Reichsversammlungen wurden hier abgehalten. 1356 bestimmte die »Goldene Bulle« Kaiser Karls IV., dass jeder neu gewählte Herrscher seinen ersten Hoftag in Nürnberg abhalten müsse. Mit Ende des Zweiten Weltkriegs war die Kaiserburg nur noch ein Trümmerhaufen, nur wenige romanische und spätgotische Bauteile blieben unbeschädigt. Heute können Rittersaal und Doppelkapelle besichtigt werden, und eine Ausstellung informiert nicht nur über die Kaiserburg, sondern auch über ihre Funktion im Heiligen Römischen Reich Deutscher Nation und die Rolle Nürnbergs im Spätmittelalter. In der Vorburg steht das Brunnenhaus mit dem Tiefen Brunnen. Der Name ist Programm: Der Schacht des Brunnens wurde über 50 Meter in den Felsen gehauen. Vom Sinnwellturm hat man nach einem kurzen Anstieg den besten Blick auf die Altstadt, aber auch der Burggarten und dessen Mauer mit Wehrgang schenken sehenswerte Panoramablicke.

Noch mehr Mittelalterflair wartet dann in Nürnbergs Altstadt: Im Handwerkerhof am Königstor fühlt man sich, nachdem man den Torbogen durchschritten hat, direkt in die Vergangenheit zurückversetzt. Im sogenannten Waffenhof hinter dem Frauentor, dem Haupttor der Stadtmauer aus dem 14. Jahrhundert, erfreuen kleine Läden mit Handwerkskunst und Stände mit Rostbratwurst, Lebkuchen und Bier die Besucher.

Von Gerbern und Henkern

Wo früher Gerber Tierhäute verarbeiteten, erinnern heute zum Glück nur historische Gemäuer an diese Zeiten – denn wie es in einem Gerberviertel damals roch, will man sich heute lieber nicht vorstellen. Die Weißgerbergasse in der Sebalder Altstadt ist einer der besterhaltenen mittelalterlichen Straßenzüge Nürnbergs. Die oft mit Fachwerk gebauten Bürgerhäuser, die nicht selten einen Brunnen im Hof und einen schönen Garten haben, zeugen vom Wohlstand der Gerber. Auch wenn sie aufgrund des Gestanks am Stadtrand bleiben mussten, konnten sie

»Da ich jetzt von weitem die Türme und den blauen Rauch von Nürnberg sah, meinte ich fast, nicht etwa eine einzige Stadt, sondern eine ganze Welt zu sehen.«

Johannes Butzbach, genannt Piemontanus

↑ Süßmäuler lieben Nürnbergs köstliche Spezialität: Lebkuchen.
↙ Prächtige Historie: bunte Häuserfassaden mit goldenen Verzierungen in der Weißgerbergasse in Nürnbergs Innenstadt

sich mit dem Lederhandwerk ein gutes Leben leisten. Statt Gerberbetrieben findet man heute Cafés, Bars, kleine Läden und einige Handwerksbetriebe in der Weißgerbergasse.

Folgt man dem Lauf der Pegnitz, gelangt man über den Henkersteg auf den Trödelmarkt und damit auf die gleichnamige Insel. Schon im Mittelalter fand auf dieser Insel ein Markt statt. Die typischen Häuserzeilen mit Verkaufsständen wurden im Krieg zerstört, allerdings beim Wiederaufbau dem Vergangenen nachempfunden. Auf der Insel steht auch das Henkerhaus, in dem eine Ausstellung über die Kriminalgeschichte der Stadt zu sehen ist.

Info

GEEIGNET
Als Wochenendausflug

GERMANISCHES NATIONALMUSEUM
Das Germanische Nationalmuseum ist das größte kulturgeschichtliche Museum im deutschsprachigen Raum (gnm.de).

NEUES MUSEUM
Das Neue Museum – Staatliches Museum für Kunst und Design in Nürnberg bietet mit seinem spektakulären Glasbau die perfekte Bühne für Kunst seit den 1960er-Jahren (nmn.de).

FRÄNK'NESS
Fränkische Küche in modernem Ambiente – auch mit fleischlosen Optionen (fraenkness.de).

MELTER HOTEL & APARTMENTS
Urban & cosy: Das Melter Hotel & Apartments bietet moderne Zimmer und Apartments hinter historischer Fassade in der Fußgängerzone (melter.xyz).

ANREISE
Mit der Bahn ist Nürnberg von München in 1 Std., von Berlin in 3 Std. und von Hamburg in 4 Std. erreichbar.

20 Gemütliches Freiburg im Breisgau

Hier ist Genuss ein Volkssport

Wo gummibestiefelte Kinder kleine Boote im Bächle schwimmen lassen und man aufpassen sollte, wo man hintritt – es sei denn, man will in Freiburg sesshaft werden …

Die Kinder hüpfen vergnügt von einer Seite auf die andere, planschen im Wasser und lassen ihre Boote ins sogenannte Bächle. Wo die Kinder ihren Spaß haben, sollte man als Erwachsener aufpassen: Wer ins Bächle tritt, muss einen Freiburger oder eine Freiburgerin heiraten, so heißt es im Volksmund. Und wenn man sich das Städtchen anschaut, dann könnte man sich wahrlich Schlimmeres vorstellen ... Die Bächle sind so etwas wie die der rote Faden der Stadt – über insgesamt neun Kilometer hinweg schlängeln sie sich durch die Straßen.
Freiburg ist ein Phänomen, denn egal, wen man fragt: Immer, wenn es um das Städtchen im Breisgau geht, wird geschwärmt. »Ach, Freiburg ist schön«, so die einhellige Meinung. So klein die Schwarzwald-Metropole auch ist, sie Hat eine große Fangemeinde und durchaus Potenzial zur Lieblingsstadt. Spätestens beim Schlendern durch die kopfsteingepflasterte Konviktstraße, deren Häuserfassaden mit Wein berankt sind, vorbei an Eingängen mit Rundbögen, kleinen Cafés und Restaurants, wundert man sich nicht, wieso Freiburg den meisten Menschen ein freudiges Seufzen entlockt. Die malerischen Häuser, das imposante Münster, die Lage im Schwarzwald und die Tatsache, dass Freiburg die sonnenreichste Stadt Deutschlands ist, sind nur ein paar der Gründe, sich in diese Stadt zu verlieben.
Wenn über Freiburg die Sonne lacht, sitzen die Menschen an den Tischen vor den Cafés, im Biergarten oder genießen den Spaziergang über den Münstermarkt gleich umso mehr. Der Wochenmarkt findet jeden Tag – außer sonntags – von 7.30 Uhr bis ca. 13.30 Uhr statt. Dann herrscht hier reges Treiben, und rund um das Freiburger Münster flanieren Besucher und Einheimische gleichermaßen. Das Marktangebot ist regional, saisonal und fällt immer üppig aus, hat man doch mit dem Kaiserstuhl den eigenen Gemüsegarten quasi direkt vor den Stadttoren. Die Wurzeln des Münstermarkts reichen bis ins Jahr 1120 zurück, in dem Freiburg das Marktrecht verliehen wurde.
Was unbedingt zu einem Marktbesuch dazugehört, ist die Lange Rote: Die Rostbratwurst ist eine echte Institution! Ein Bäcker war es, der nach dem Zweiten Weltkrieg neben seinen Brötchen auch anfing, die rote Wurst zu verkaufen, die bei den Marktbesuchern reißenden Absatz fand. »Mit oder ohne Zwiebeln?«, das ist die Frage, an der sich auch heute noch die Geister scheiden. Wer sich nicht als Tourist zu erkennen geben will, isst die Lange Rote im Ganzen und auf keinen Fall geknickt. Mittlerweile gibt es die Kulturwurst sogar in vegetarischer Variante, auch wenn das so manchen Einheimischen die Nase rümpfen lässt.

← Der Wochenmarkt unterhalb des Freiburger Münsters lockt mit vielen Köstlichkeiten.
↗ In Freiburg gibt es Leckeres für jeden Geschmack, z. B. knusprigen Flammkuchen.

Tipp

ALTE SYNAGOGE

Der Platz der Alten Synagoge bietet mit seinem modernen Ambiente, der futuristischen Universitätsbibliothek und der Skulptur von Henry Moore einen Kontrast zum sonst eher historischen Flair der Stadt. Als Ort der Erinnerung zeichnet ein Wasserspiegel die Grundrisse der ehemaligen Synagoge nach.

Ein weiterer Genussort in Freiburg ist die Markthalle. Die Düfte, die einem beim Eintreten in das Fressgässle in die Nase ziehen, sind himmlisch: An mehr als 20 Marktständen zischt es in Woks, wird in großen Töpfen gerührt, und Flammkuchen werden in die Öfen geschoben. Ob chinesisch, afghanisch, brasilianisch oder badisch – hier gibt es Leckeres für jeden Geschmack und auf der Live-Bühne gelegentlich auch etwas auf die Ohren.

»In der Schwarzwald-Metropole ist die Sonne zu Hause.«

Ein Stück Schwarzwald: die Kirschtorte

Eine Sache haben wir bisher sträflich vernachlässigt. Wir sind schließlich im Schwarzwald, und wer Schwarzwald sagt, will auch Kirschtorte hören. Die Schwarzwälder Kirschtorte ist ein deutscher Exportschlager. Man kennt sie in den USA, in China, aber natürlich liebt man die hochprozentige Torte auch in Freiburg. Wo die Torte ihren Ursprung hat, darüber streitet man noch heute. Wer eine Gabel der saftig-sahnigen Leckerei in den Mund schiebt, interessiert sich dafür aber auch herzlich wenig. Das Café Schmidt in der Altstadt serviert üppige Stücke in nostalgischem Ambiente.
Nach dieser Kalorienbombe ist ein wenig Bewegung angesagt. Perfekt, um den Schlossberg zu besteigen. Zwar führen auch die Schlossbergbahn und ein Aufzug vom Schwabentor nach oben, doch sich nach all dem Schlemmen ein wenig die Beine zu vertreten, ist eine gute Idee. Oben hat man sich dann im Kastaniengarten ein kühles Bier verdient. Vom Schlossberg selbst, den man nach weiteren 15 Minuten Fußweg erreicht, gibt es vom Aussichtsturm den schönsten Blick zum Sonnenuntergang.

↗ Vom Schlossberg genießt man einen weiten Blick über Freiburg hinweg zu den Vogesen.
← Das Augustinermuseum zeigt, modern in Szene gesetzt, Kunst vom Mittelalter bis zum 19. Jahrhundert, wie Christus auf dem Palmesel.

Info

GEEIGNET
Als Wochenendausflug, mit Ausflügen in den Schwarzwald auch länger

AUGUSTINERMUSUEM
Im Augustinermuseum gibt es, modern in Szene gesetzt, Kunst vom Mittelalter bis zum 19. Jh. zu bestaunen (freiburg.de).

SCHAUINSLAND
Der Freiburger Hausberg lockt mit Fernblicken und sportlichen Aktivitäten. Der nur 10 km von der Stadtmitte entfernt aufragende Berg ist auch gut mit dem ÖPNV zu erreichen (schauinsland.de).

HOTEL KREUZBLUME
Das Hotel samt Restaurant in der Konviktstraße birgt hinter historischer Fassade moderne Zimmer und ein empfehlenswertes Restaurant (kreuzblume-freiburg.de).

SCHLAPPEN
Die Studentenkneipe am Martinstor ist perfekt, um den Abend ausklingen zu lassen. Für hungrige Mägen gibt es bodenständige Gerichte wie den Kartoffelteller oder Flammkuchen (schlappen.com).

ANREISE
Mit der Bahn dauert die Anreise von Frankfurt am Main 2 Std., von München ca. 4 Std. und von Berlin und Hamburg ca. 6 Std.

Die Stadt Münster (ab S. 118) bietet sich hervorragend für einen Aktiv-Urlaub an, wird hier doch fleißig und zu jeder Jahreszeit geradelt.

Aktiv entdecken

Von der City direkt in die Natur

21 Wasserreiches Waren an der Müritz

Städtetrip in die Natur

Heidelberg, Nürnberg, Waren an der Müritz? Auch wenn das kleine Städtchen an der Müritz etwas aus der Reihe fällt, gehört es gerade deshalb unbedingt auf die Bucketlist der Citytrips!

Mit etwas mehr als 20 000 Einwohnern ist Waren zwar keine Metropole, aber immerhin der größte Ort an der Mecklenburgischen Seenplatte, dem Land der 1000 Seen. Beim Altstadtbummel geht es vorbei an einigen Fachwerkhäusern, am Alten und Neuen Rathaus und dem stadtgeschichtlichen Museum. Vom barocken Turm der Marienkirche, der »Dicken Berta«, bekommt man von der Aussichtsplattform in 45 Metern einen Rundumblick über das Städtchen und das Wasser ringsum. Wasser ist dabei das Stichwort: Wenn es etwas in Waren im Überfluss gibt, dann ist es Wasser und damit jede Menge Möglichkeiten zum Aktivwerden. Unser Urlaub beginnt also erst dann so richtig, wenn wir die Gassen der Stadt verlassen.

Mit dem Wasser direkt vor der Nase ist Waren an der Müritz der ideale Urlaubsort für Wassersportler. Die Müritz ist der größte, komplett in Deutschland liegende Binnensee. Hier gibt es auf mehr als 110 Quadratkilometern Wasserfläche reichlich Platz für Segler & Co. Badestellen, darunter das Volksbad in direkter Stadtnähe, locken zu einem Tag mit Planschen und Faulenzen, und Pommes gibt es obendrauf!

Wie man die Müritz am besten erkundet? Da gibt es viele Möglichkeiten: Mit dem Kanu kann man ganz sportlich beim Wasserwandern die Müritz und weitere Gewässer der Seenplatte entdecken – einfach einsteigen, lospaddeln und sich vom Charme der Wasserlandschaft verzaubern lassen. Noch entspannter, zumindest nach etwas Eingewöhnung, wird es beim Stand-up-Paddling. Wenn man das Balancehalten raushat, lässt sich die kurze Auszeit auf dem Wasser so richtig genießen. Wer das Wasserabenteuer eine Nummer größer will, leiht sich ein Hausboot. Dabei geht es weniger um sportliche Herausforderung, dafür gibt es Komfort an Bord und Kurzurlaub-Feeling. Am Steuer des Boots stehend, schweift der Blick über Wasser und Wiesen in die Ferne. Einfach in den Tag hineinschippern, in der Hängematte liegen, lesen, dazwischen der Sprung ins frische Wasser – so fühlt sich Freiheit an. Und nachts wird es magisch: Wenn die Sterne am Himmel funkeln, das Wasser an die Planken schwappt und das Boot sanft im Takt der Wellen schwankt, kommt das ziemlich nah ran an Perfektion.

Maritimes Flair gibt es am Hafen von Waren, wo Hunderte Jachten liegen. Einige von ihnen können für Ausflüge auf der Müritz gechartert werden. Wer das Wasser lieber vom festen Boden aus betrachtet,

← Direkt am Wasser gelegen, ist Waren an der Müritz ein Traum-Urlaubsort für Wassersportler.
↗ Das Müritzeum vermittelt viel Hintergrundwissen rund um die Natur an der Müritz.

Tipp

SCHAUGARTEN

Noch ein Tipp für einen schönen Spaziergang: Vom Stadtzentrum geht es zum Tiefwarensee – auf der Landzunge liegt der botanische Schaugarten mit Heide-, Zen-Garten, Gewächshäusern und einem malerischen Blick auf die Altstadt (waren-tourismus.de/reiseziele/schaugarten-am-tiefwarensee).

leiht sich ganz unkompliziert ein Rad, mit oder ohne Elektroantrieb, und radelt auf den Uferwegen mit fast ständigem Blick aufs Wasser seinem Seeglück entgegen, bis die Beine müde werden und eine Pause am Ufer lockt.

Vom Wasser in den Wald

Doch nicht nur das Wasser liegt in Waren direkt vor der Nase, sondern auch riesige Waldflächen. Der Müritz-Nationalpark ist der größte Nationalpark

»Baden? Das geht in Waren an der Müritz im Wasser und im Wald.«

Deutschlands abseits der Küsten. Seit 1990 steht die Landschaft hier unter Schutz, seitdem darf sich die Natur nach Lust und Laune ausbreiten, ohne vom Menschen in Zaum gehalten zu werden. Seit 2011 gehört das Teilgebiet Serrahn zum UNESCO-Weltnaturerbe Alte Buchenwälder und der Serrahner Buchenwald zu den am längsten nutzungsfreien Buchenwäldern Deutschlands.
Als Wanderer oder Radfahrer geht es durch nahezu unberührte Natur, wo See- und Fischadler, Kraniche und Rohrdommeln an den Ufern brüten. Der Walderlebnispfad schleust Wanderer auf acht Kilometern von Zinow nach Serrahn auf schmalen Pfaden vorbei an Baumriesen durch den Buchenwald und über einen Holzsteg durch das Moor. Besucher können mit dem Nationalpark-Bus direkt von Waren aus zum Nationalpark fahren und in diesem auch Fahrräder mitnehmen. Der Bus ist für Urlauber in Waren während der Saison kostenlos. Und nach all den Streifzügen durch die Natur schadet es nicht, ein paar Hintergrundinformationen zu bekommen. Im Müritzeum gibt es Wissen rund um die Natur an der Müritz mit Wald, Moor und Wasserwelten. Das Highlight des Museums ist das sich über zwei Etagen erstreckende Moränenbecken (mueritzeum.de).

↗ Der Serrahner Buchenwald gehört zum Müritz-Nationalpark und ist UNESCO-Weltnaturerbe.
← Mit dem Kanu kann man ganz sportlich beim Wasserwandern die Müritz und weitere Gewässer der Seenplatte erkunden.

Info

GEEIGNET
Für ein verlängertes Wochenende

SEGLERTREFFEN
Ende Mai gibt's jedes Jahr das Seglertreffen Müritz Sail (mueritzsail.eu).

KLETTERWALD MÜRITZ
In luftiger Höhe: Der Kletterwald direkt am Wasser lockt mit Hochseilgarten und Parcours für Anfänger und Kletterprofis (kletterwald-mueritz.de).

KAFFEE UND KUCHEN
In der Natur sein macht hungrig. Das Café Dat Tortenhus am Alten Markt ist der perfekte Ort für eine kleine Auszeit mit Kaffee und Kuchen (dat-tortenhus.de).

HAUSBOOT
Im Hafendorf Müritz können Hausboote auch als Tagescharter gemietet werden; der Ort ist mit dem Bus von Waren aus zu erreichen (hafendorf-mueritz.de).

ANREISE
Mit der Bahn von Berlin mit dem Brandenburg-Berlin-Ticket in 1–2 Std., von Hamburg in 3 Std. mit dem Mecklenburg-Vorpommern-Ticket und von München in 6 Std.

22 Osnabrück – 300 Millionen Jahre alte Steine

Eine Stadt mitten im Geopark

Eine Großstadt mitten im Naturpark? Das ist in Deutschland einmalig. Rund um Osnabrück erstreckt sich der Geopark TERRA.vita und mit ihm ein Abenteuerspielplatz für Outdoorfans.

Wer in den Naturpark möchte, fährt nicht unbedingt in eine Stadt. So weit, so logisch. Doch in Osnabrück lässt sich ein Natururlaub mit Wandern, Radfahren und Entdeckungstouren zwischen Stock und Steinbruch ziemlich gut mit einem Städtebummel verbinden – und das auch ohne Auto. Der Natur- und Geopark TERRA.vita zeigt 300 Millionen Jahre Erdgeschichte auf engstem geografischem Raum. Der Park wurde als erstes deutsches Schutzgebiet Mitglied im weltweiten Geopark-Netzwerk und als UNESCO Global Geopark ausgezeichnet.

Der »TERRA.Trail acht« ist perfekt geeignet, um die stadtnahen Naturhighlights am Wochenende mit dem Fahrrad zu erkunden. Die 38 Kilometer lange Tagestour führt mitten durch Osnabrück, wo die Steine des Geoparks in zahlreichen historischen Gemäuern verbaut wurden. Die Tour beginnt am Museum am Schölerberg und führt dann vom Süden durch die Osnabrücker Neustadt und auf Schleichwegen durch die Altstadt bis zum Osnabrücker Hausberg Piesberg im Norden. Zum Piesberg geht es auch bequem mit dem Bus 18, der dort das Museum Industriekultur anfährt. Dieses widmet sich dem Steinkohlenbergbau am Piesberg. Im Hauptgebäude des Museums, dem Haseschachtgebäude, ist das Highlight der 280 Meter lange Stollen in 30 Metern Tiefe.

Nach oben zum Piesberg führt der schweißtreibende Südstieg, der am Haseschachtgebäude beginnt. Die Treppe bringt Besucher über 269 Stufen und symbolisch durch die Erdzeitalter bis auf den Gipfel. Wer nicht laufen möchte, nimmt die Feldbahn, die an Sonntagen auf den Berg rattert. In den Schieferschichten des Piesbergs verstecken sich zahlreiche Fossilien, und mit einem Rucksack – den man nach Anmeldung am Piesberger Gesellschaftshaus ausleihen kann – inkl. Hammer, Handschuhen und

← Osnabrück hat neben seinem Geopark auch viel Kultur und Historie zu bieten, wie z. B. die Marienkirche am Rathausplatz.

»Wo ›steinalt‹ ganz andere Dimensionen hat«

Schutzbrille kann man sich auf die Suche danach begeben. Auch der Blick in die Ferne lohnt sich: Den besten Ausblick gibt es vom Aussichtsturm, der am höchsten Punkt des Berges steht.
Geologie ist auch Thema des Botanischen Gartens der Universität Osnabrück, dessen Kernbereich aus zwei Steinbrüchen besteht. Die Gesteinsschichten stammen aus dem Unteren Muschelkalk des Trias und sind ca. 230 Millionen Jahre alt. Einst bildeten sie den Boden eines subtropischen Meers, heute zeigen sie als Alpinum die Fauna des Alpenraums.
»Typisch Osnabrücker Wetter«, sagen die Einheimischen, wenn es mal wieder nieselt und der Himmel eine graue Decke bildet. Wer auch bei Regenwetter aktiv sein will, hat in Osnabrück eine tolle Gelegenheit dazu, bei der man aber – so viel sei verraten – nicht trocken bleibt: Mitten in der Altstadt, in der Sportabteilung des Kaufhauses Lengermann & Trieschmann, befindet sich die sogenannte Hasewelle – hier können Anfänger und Surffreaks auf der stehenden Welle aufs Board steigen (ein 45-Minuten-Slot kostet 29 Euro).

Stätte des Friedens

Osnabrück hat nicht nur alte Steine zu bieten, sondern auch kulturhistorische Ereignisse, die Nachhall

fanden. Im Friedenssaal im Rathaus wurde der Westfälische Frieden ausgehandelt und beschlossen – damit endete 1648 der Dreißigjährige Krieg. Zusammen mit Münster ist Osnabrück eine »Stätte des Westfälischen Friedens«. Um an dieses historische Ereignis zu erinnern, reiten bis heute im Oktober Viertklässler mit ihren selbst gebastelten Steckenpferden über die Rathaustreppe.

Das Felix-Nussbaum-Haus, das zusammen mit dem Kulturhistorischen Museum zum Museumsquartier Osnabrücks gehört, ist ein Ort, den man bei einem Besuch in der Stadt definitiv besichtigen sollte. Im von Daniel Libeskind entworfenen Gebäude werden die Werke des jüdischen Künstlers Felix Nussbaum ausgestellt. Der gebürtige Osnabrücker wurde 1944 mit dem letzten Transport ins KZ Auschwitz deportiert und dort zusammen mit seiner Frau ermordet. Eine beeindruckende Ausstellung, die einen sprachlos zurücklässt. Beim Besuch geht es auch durch die Ausstellung zur Stadtgeschichte des Kulturhistorischen Museums, die informativ und interaktiv die Historie beleuchtet, inklusive des Westfälischen Friedens.

↑ Am Gipfel des Piesberges steht das historische Haseschachtgebäude.

↙ Im Friedenssaal im Rathaus wurde der Westfälische Frieden ausgehandelt und beschlossen und damit 1648 der Dreißigjährige Krieg beendet.

Info

GEEIGNET
Als Wochenendausflug

REDLINGERSTRASSE
Am besten flanieren lässt es sich in der kleinen Redlingerstraße mit Cafés, Läden, Restaurants und Bars.

OSNABRÜCKER KARTOFFELHAUS
Das Kartoffelhaus ist gut bürgerlich, gemütlich und rustikal – im besten Sinne. Besonders schön: Es gibt viele fleischlose Varianten.

PFERDE HABEN KEINE FLÜGEL
Hinter diesem kuriosen Namen versteckt sich eine Künstler-Bar mit Tapas und Wein zu fairen Preisen (facebook.com/pferdehabenkeinefluegel).

VIENNA HOUSE EASY
Übernachten im Vintage-Stil der 1950er-Jahre, das geht im Vienna House easy. Im Hotel stehen Cocktailsessel, Nierentische und Vitrinen im Stil der Fifties, die Zimmer sind großzügig und haben moderne Bäder. Weiterer Pluspunkte: Sauna und Fitnessraum (viennahouse.com/de/easy-osnabrueck/das-hotel).

ANREISE
Mit der Bahn von Berlin in 3 Std., von Hamburg in 2 Std. und München in 6 Std. erreichbar

Was genau ist eigentlich …?

Ein Stadtpark

Die Schwärmerei für die Natur kommt von der Unbewohnbarkeit der Städte«, meinte Bertolt Brecht nicht ohne Zynismus. Doch klar ist, auch in den Städten sehnen wir uns nach Erholungsorten im Grünen. Große Wiesen zum Entspannen, Spazierengehen unter Bäumen und dabei Frische-Luft-Schnappen – wir brauchen Natur in der Stadt mitten im Betondschungel.

Grünflächen waren bereits in der Antike ein Thema. Im Alten Ägypten legte man Tempelgärten an, die Römer wandelten durch Lustgärten, die Burgen und Klöster pflegten Nutzgärten und Orte des Zusammenkommens. Bevor es so etwas wie öffentliche Oasen der Erholung gab, waren die Tore der Gärten und Parks für die Allgemeinheit geschlossen.

Im Gegensatz zu den abgeschotteten Klostergärten wurden in der Renaissance die Gärten langsam zur Außenwelt hin geöffnet und der Garten zur Kunstform. Im 18. Jahrhundert schwappte die Mode der Barockgärten nach französischem Vorbild nach Deutschland über. Der Park von Versailles wurde zum Inbegriff des barocken Gartens, der die göttliche, absolute Ordnung der Macht widerspiegeln sollte. Bis jetzt wurden die meisten Parks außerhalb von Städten als Schlossparks, Tiergärten oder Jagdgebiete angelegt. Doch mit zunehmender Verstädterung in Folge der industriellen Revolution wuchs das Bedürfnis der Menschen nach stadtnahen Erholungsorten.

Mensch vor Macht – der Wandel der Parkanlagen

Während im Barock Fürsten Parks nutzten, um ihre Macht zu demonstrieren, ging es im 18. und 19. Jahrhundert darum, den Menschen in Einklang mit der Natur zu bringen. Entscheidende Impulse kamen dafür aus England. Nach der Idee des englischen Landschaftsparks entstanden erste Volksparks in deutschen Städten wie Dessau-Wörlitz oder München. Auch der Park an der Ilm in Weimar, an dem Goethe federführend ab 1776 beteiligt war, oder die Gärten in Muskau und Branitz von Fürst Hermann von Pückler-Muskau entsprechen der romantischen Art der englischen Landschaftsparks. Nach dem Motto »Die Natur verabscheut gerade Linien« ging es darum, die Natur als Vorbild zu nehmen. Verschlungene Pfade, naturnahe Teiche und frei wachsende Bäume ersetzten geometrische Beete und gestutzte Buchsbäumchen. Im Park Sanssouci perfektionierte der preußische Gartenarchitekt Peter Joseph Lenné eine Mischform, die die wilden Bereiche des Landschaftsgartens mit strukturierten Formen in Anlehnung an klösterliche Nutzgärten kombinierte.

Städtische Parks und Grünflächen sorgen heute für die Erholung der Stadtbewohner, haben aber auch einen ökologischen Nutzen: Die Pflanzen verbessern das Stadtklima, indem sie Sauerstoff abgeben und Staubpartikel herausfiltern und binden. Doch der Platz ist knapp, und so wird der Begriff Park neu gedacht: Ehemalige Industriegelände, stillgelegte Bahntrassen oder Dachflächen – sie alle werden zu grünen Oasen mitten in den Städten.

wasistlandschaft.de

↑ Im Park Sanssouci perfektionierte der preußische Gartenarchitekt Lenné eine Mischform, die wilde Bereiche mit Strukturen kombinierte.
↖ Der Park um Schloss Branitz von Fürst Hermann von Pückler-Muskau entspricht der romantischen Art englischer Landschaftsparks.

23 Münster – Radeln statt Porsche

Unterwegs in Deutschlands Fahrradstadt Nr. 1

Wir sind rigoros: Es gibt nur eine richtige Art, Münster zu besichtigen, und zwar mit dem Rad! Also rauf aufs Mietrad, das man direkt am Bahnhof leihen kann, und ab auf die Promenade.

Leeze. Ein komisches Wort, aber so nennt man als echter Münsteraner sein Zweirad. Über 500 000 Fahrräder kommen auf ca. 310 000 Einwohner. Das Fahrrad ist das meistgenutzte Verkehrsmittel der Stadt. Einmal um die Altstadt führt die Promenade – dieser autofreie, von Linden gesäumte Ring trennt auf viereinhalb Kilometern die Altstadt von den umliegenden Stadtvierteln und ist damit wie gemacht für eine Stadtrundfahrt, bei der man immer wieder Zwischenstopps einlegen kann. Wir beginnen am Schloss, das heute das Hauptgebäude der Universität beherbergt. Münster ist eine Studentenstadt, wie sie im Buche steht: Das Stadtbild ist von netten Cafés geprägt, an deren Tischen die Studierenden mit Büchern und Laptops sitzen, und von netten Kneipen, die sich dann nach Vorlesungsende füllen. Direkt hinter dem Schloss befindet sich der Botanische Garten. Der kostenlos zugängliche Park lockt mit einem großen Außenbereich und Gewächshäusern, in denen man sich vor allem an kälteren Tagen aufwärmen und sich bei all den exotischen Pflanzen auch noch ein wenig in die Ferne träumen kann. Bei Regenwetter ist der Gang ins Gewächshaus ein echter Seelenschmeichler.

Vom Schloss radelt man entlang der Promenade weiter zum Stadthafen im Osten der Stadt, wo einem in der Hafenkäserei das Wasser im Mund zusammenläuft. Hier kann man nicht nur seinen Lieblingskäse für zu Hause mitnehmen, sondern auch bei der Produktion in der Schaukäserei zugucken. Bei der Weiterfahrt biegt man von der Promenade ab zum Aasee. Der Stausee lockt Gäste mit dem Allwetterzoo und dem Freilichtmuseum Mühlenhof, ist aber natürlich auch selbst der perfekte Ort, um ein bisschen die Zeit zu vertrödeln und die Füße ins Wasser zu stecken. Einfach mit einem Getränk ans

→ Auf dem Leeze durch die Stadt: Das Fahrrad ist das meistgenutzte Verkehrsmittel in Münster – warum also nicht mal mit dem Rad zum Bummeln?

STUHLMACHER

Tipp

LWL MUSEUM FÜR KUNST UND KULTUR
Ob gotische Marienfiguren, barocke Gemälde oder Möbel aus der Biedermeier-Zeit, impressionistische Werke oder zeitgenössische Installationen: Die kurzweiligen Infotexte machen den Museumsbesuch zu einer lebendigen Zeitreise (lwl-museum-kunst-kultur.de).

Ufer in die Sonne setzen und die Segelboote beobachten!

Wo Frieden geschlossen wurde

Nach der Fahrradtour geht es in die Gassen der Altstadt und damit direkt ins tiefste Mittelalter: Und das kann – Trigger-Warnung – schaurig sein. An der Lambertikirche hängen drei Käfige über der Turmuhr, die eine grausige Geschichte erzählen. In den noch originalen Käfigen wurden im 16. Jahrhundert die Leichen der Wiedertäufer ausgestellt, also den Anhängern einer radikal-reformatorischen Bewegung, die die Macht in Münster übernahmen – ganz zum Missfallen des Bischofs. Schlussendlich wurden die drei Anführer auf dem Prinzipalmarkt mit glühenden Eisen gefoltert, erdolcht und ihre Leichen an der Lambertikirche aufgehängt.
Friedvoller ging es im Rathaus zu. Hier, und parallel dazu in Osnabrück, wurde mit dem Westfälischen Frieden der Dreißigjährige Krieg beendet. Wer den Dom an einem Mittwoch oder Samstag besucht, landet auf dem Wochenmarkt, wo man sich mit Köstlichkeiten eindecken oder einfach die typische Wochenmarkt-Atmosphäre aufsaugen kann.
Nach all dem Flanieren und mit qualmenden Füßen tut man es den Studierenden gleich und arbeitet sich

»Leeze, Lepra, Lackkunst – Münster hat ein paar Kuriositäten im Portfolio.«

von Café zu Café weiter. In den Filialen der Roestbar gibt es exzellenten Kaffee, im Café Fam sitzen Freundinnen bei Klatsch und Kuchen oder es wird am Laptop gearbeitet. Im Fyal trifft man sich entweder auf einen Kaffee oder auch auf ein Bier am Abend. Bei kreativer Atmosphäre und Musik geht es hier lässig und entspannt zu. Wenn der Kaffee langsam durch Bier ausgetauscht wird, wechselt man hinüber ins Kreuzviertel – das Blaue Haus, das Cavete oder der Buddenturm sind die typischen Adressen für ein gemütliches Bierchen am Abend.

↗ Der kostenlos zugängliche Botanische Garten lockt u.a. mit Gewächshäusern.
← Einzigartig: Im Kunstmuseum Pablo Picasso Münster wird selbst im Innenhof mit einem großen Mosaik dem außergewöhnlichen Künstler gehuldigt.

Nicht nur an Regentagen locken in Münster die zahlreichen Museen zu einem Kulturausflug – neben seinem Ruf als Fahrrad- und Studentenstadt ist Münster gar die heimliche Hauptstadt der (teilweise recht kuriosen) Museen. Um nur einige zu nennen: Es gibt das LWL Museum für Kunst und Kultur, darunter das Picasso Museum, das Stadtmuseum, die Kunsthalle, das Porzellanmuseum, das Freilichtmuseum Mühlenhof, das LWL Naturkundemuseum und Planetarium, aber auch das Museum für Lackkunst der BASF, das Bibelmuseum, das Pferdemuseum oder das Lepramuseum. Also wenn da nicht für jeden etwas dabei ist?

Info

GEEIGNET

Als Wochenendausflug

TATORT-FÜHRUNGEN

Wer noch nicht in Münster war, kennt es zumindest aus dem Fernseher. Die Stadtführung bringt neugierige Krimifans zu den Drehorten des beliebten Münsteraner »Tatorts« und der Fernsehserie »Wilsberg« (stattreisen-muenster.de).

EINKEHREN

Im Krawummel gibt es veganes Fastfood wie Burger und Falafel, aber auch gesunde Bowls und süße Sünden wie Cupcakes (krawummel.de).

ATLANTIC MÜNSTER

Das nagelneue Atlantic Münster befindet sich in unmittelbarer Nähe zum Bahnhof und ist edel und modern eingerichtet. Besonderer Pluspunkt: der großzügige Wellnessbereich mit Sauna und Dampfbad (atlantic-hotels.de/hotel-muenster).

ANREISE

Mit dem ICE von Berlin ist Münster in 3.30 Std., von Hamburg in gut 2 Std. und von München in 5.30 Std. erreichbar.

Die Lage Marburgs und
umliegende Gegend
ist gewiß sehr schön.
Besonders wenn man
in der Nähe des
Schlosses steht und
da herunter sieht, die
Stadt selbst aber sehr
hässlich. Ich glaube es
sind mehr Treppen
auf den Straßen als
in den Häusern. In ein
Haus geht man gar
zum Dache hinein.“
Brüder Grimm

24 Märchenstadt Marburg

Treppauf, treppab durch die Geschichte

Marburg ist ein Tausendsassa: reich an Historie und Kultur, aber auch perfekt zum Schlemmen und Bummeln geeignet. Schmale, verwinkelte Gassen und viele Fachwerkhäuser versetzen die Besucher ins Mittelalter.

Marburg ist eine Stadt vollgepackt mit Geschichte. Doch Marburg steht nicht nur für Vergangenes, sondern lebt auch kräftig im Hier und Jetzt. Als Unistandort wimmelt es in der Stadt nur so von Studierenden, die sich in den Kneipen tummeln und die Stadt, die ein paar Jahrhunderte auf dem Buckel hat, jung halten. Egal, was man in Marburg vorhat, mit einem muss man rechnen: Marburg erfordert eine gute Portion Kondition. Es sind nicht nur die Grünflächen, allen voran der Schlosspark und die Botanischen Gärten, die zum Spazieren verführen, es ist schlicht und einfach die Tatsache, dass es hier in Marburg irgendwie immer nach oben geht, und das durch steile Gassen und über zahllose Treppenstufen. Die Oberstadt ist vom restlichen Straßenlevel so erhöht, das sogar Aufzüge die Menschen nach oben bringen. Schon die Gebrüder Grimm stöhnten über die vielen Treppen, die durch die Stadt führen. Doch wir wollen nicht schummeln und erkunden Marburg per pedes. Also: gute Schuhe einpacken und los geht es mit dem Entdecken inklusive Workouts!
Ganz ebenerdig geht es zunächst an der Lahn entlang. Auf dem Uferweg erreicht man die Lahntreppen, immer im Blick die Tretboote und SUPs auf

← Steilaufschwung: Im märchenafinen Marburg braucht man eine gute Kondition, so wie hier am Aufgang zum Landgrafenschloss.

Tipp

KLETTERGARTEN MARBURG

Helm, Sicherungsgurt und Karabinerhaken, dann kann es losgehen. Etwas außerhalb der Stadt liegt der Marburger Klettergarten mit seinen Parcours in verschiedenen Schwierigkeitsgraden. Klettern, hüpfen, rutschen – der Hochseilgarten macht einfach Spaß! Zu erreichen ist der Klettergarten mit Buslinie 16 (Haltestelle Wehrshausen-Kirche) oder Buslinie 17 bis Haltestelle Neuhöfe (kletterwald-marburg.de).

dem Wasser. Wer selbst in die Fluten möchte, kann am Trojedamm im Ufercafé Gischler das Wasserspielzeug seiner Wahl mieten. Steil nach oben geht's vom Ufer der Lahn dann in die Oberstadt. Wer den Weg hinaufgeschafft hat, wird – etwas aus der Puste – mit schönstem Altstadtflair belohnt. Der Mittelpunkt der Altstadt ist der Marktplatz mit dem Marktbrunnen und dem ab 1512 erbauten historischen Rathaus. Zu jeder vollen Stunde sollte man den Kopf zur Rathausuhr heben, dann wackelt der kupferne Gockel mit den metallenen Flügeln.

In verwinkelten Gassen reihen sich hier oben Fachwerkhäuser aus dem 14.–19. Jahrhundert aneinander. Durch die gedrungenen Straßen wandelnd kommt man vorbei an Kirchen wie der ältesten rein gotischen Kirche, der Elisabethkirche, mit ihren filigranen Details. Auch die Reste einer Synagoge und das mittelalterliche Kalbstor liegen am Weg. Auf den Fundamenten eines Dominikanerklosters aus dem 13. Jahrhundert wurde Ende des 19. Jahrhunderts das Gebäude der Alten Universität am Lahntor im neugotischen Stil erbaut. Bei all den Giebeln und Türmchen wagen manche den Vergleich mit Hogwarts aus den Harry-Potter-Büchern. Auch wenn hier nicht gezaubert wird: Die Universität kann auf eine lange Geschichte zurückblicken. Gegründet wurde sie um 1527 durch Landgraf Philipp den Großmütigen. »Andere Städte haben eine Uni, Marburg ist eine«, so heißt es in Marburg. Unter den Studierenden waren auch bekannte Namen: Jacob Grimm studierte mit seinem Bruder Wilhelm von 1802 an in Marburg, während sie nebenbei Märchen sammelten. An sie erinnern in der Stadt verteilt Fabelwesen an Fassaden und Treppen wie der Froschkönig oder der Aschenputtel-Schuh. Entdecken lassen sich alle Märchenorte auf dem Grimm-Dich-Pfad, der sich an 16 Stationen vorbei durch die Stadt schlängelt. Wer den QR-Code scannt, bekommt die dazugehörigen Märchentexte aufs Smartphone.

Von der Marburger Altstadt geht es weiter nach oben und damit zum Wahrzeichen der Stadt: dem Landgrafenschloss. Imposant thront das Bauwerk aus dem 11. Jahrhundert über Marburg. Es diente als erste Residenz der Landgrafschaft Hessen, doch mit dem Tod von Landgraf Ludwig IV. verlor das Schloss 1604 seine Bedeutung als eine der Hauptresidenzen. In den nachfolgenden Jahrhunderten diente das Schloss vielen anderen Zwecken – mal war es Gefängnis, dann Hessisches Staatsarchiv, und heute befindet sich in den alten Mauern das Museum für Kulturgeschichte. Nach einigen Höhenmetern und noch mehr Stufen über die Ludwig-Bickell-Treppe lässt einen der Blick vom Schlossberg über das Labyrinth aus Gassen und Dächern hinweg ehrfürchtig verstummen.

Der Schlosspark mit seinen verschlungenen Wegen und weitläufigen Wiesen ist ein Ort, den sich die Marburger als Erholungsoase längst zu eigen gemacht haben. Nachdem die Festung Marburg 1780 aufgegeben wurde, ist die gesamte Anlage nach und

> »Es sind mehr Treppen auf den Strassen als in den Häusern.«
>
> *Jacob Grimm*

Tipp

SPIEGELLUSTTURM

Wie aus einem Märchen der Brüder Grimm ragt der Kaiser-Wilhelm-Turm, besser bekannt als Spiegellustturm, aus dem Wald. Das beliebte Ausflugsziel lässt sich in 30 Min. von der Altstadt erwandern und lockt mit Weitblick, Café und einer besonderen Kunstinstallation: Das Lichtkunstherz, das an die Heilige Elisabeth erinnert, lässt sich per SMS zum Leuchten bringen (spiegelslustturm.de).

↑ Die Alte Universität Marburg kann auf eine lange Geschichte zurückblicken.
↓ Das historische Rathaus und der Marktplatz sind Mittelpunkt städtischen Lebens.

nach zur Gartenanlage geworden. Heute wird hier gejoggt, Wikingerschach gespielt oder das Lernen kurzerhand auf die Wiese verlegt. Neben der Freilichtbühne, die Platz für Veranstaltungen bietet, ist das Herzstück der Rosengarten, der mit Tausenden von Blüten die Luft mit süßem Duft erfüllt. Das Judizierhäuschen von 1627 erinnert an die Zeiten, als hier kleine Turniere und Wettkämpfe abgehalten wurden und Schiedsrichter das Ganze bewerteten.

Streifzug durch die Botanischen Gärten

Nicht nur der Schlosspark ist ein grüner Erholungsraum in der Stadt, auch die Botanischen Gärten, von denen Marburg gleich zwei vorweisen kann, sind Orte zum Durchschnaufen. Mitten im Zentrum liegt der 1786 als französischer Lustgarten angelegte Alte Botanische Garten der Universität. Damals gehörten die Erforschung der Pflanzenwelt und die botanische Lehre der Medizinstudenten zu den Grundkonzepten des Gartens. Erst mit der Errichtung des Neuen Botanischen Gartens 1977 und der Umsiedlung der Pflanzenbestände ist der innerstädtische Garten für die Öffentlichkeit zugänglich geworden. Wem zwischen Altstadtgewimmel der Sinn nach Grün steht, findet hier den besten Ort dafür. Außerhalb der Innenstadt wurde auf den Lahnbergen der Neue Botanische Garten angelegt. Mit 20 Hektar Fläche ist er einer der größten Gärten Hessens. Im Freilandbereich und den Schauhäusern

»Marburg ist geradezu herrlich. Als ich ankam und alles nun selber schauen konnte, wusste ich kaum, wo mir der Kopf stand, so sehr überwältigte mich das.«

Ernst Reuter (1889–1953)

↑ Ein Besuch im Neuen Botanischen Garten lohnt sich immer, auch bei schlechtem Wetter.
↙ In der fachwerkreichen Altstadt von Marburg locken viele Einkehrmöglichkeiten, die besonders bei den hier Studierenden beliebt sind.

geht es auf thematische Rundgänge durch verschiedene Kontinente und Klimazonen von den Kanarischen Inseln bis in die Subtropen oder nach Australien, es wird über die Nutzpflanzen der Kelten informiert, und es gibt eine Farnschlucht und alpine Steingärten. Vor allem wenn der Himmel mal eher grau als blau ist und die Temperaturen zu wünschen übriglassen, ist ein Besuch im warmen Gewächshaus ein echter Gute-Laune-Booster. Immer wieder tauchen Veranstaltungen den Garten in ein besonders Licht, etwa die Tropennacht im Januar oder das Herbstfest im Oktober.

Info

GEEIGNET
Als Tagestour oder Wochenendtrip

ESCAPE ROOM
Rätseln, Hinweise finden, Schlösser öffnen – der Escape Room ist etwas für Knobler (the-key-marburg.de).

MARBURGER ESSZIMMER
Klassiker und moderne Crossover-Küche gibt es im stilvollen Ambiente an der Lahn (marburger-esszimmer.de).

BÜCKINGSGARTEN
Ob zum Essen oder für ein kaltes Getränk: Der Bückingsgarten am Schloss ist perfekt zum Verschnaufen, und das bei schöner Aussicht (bueckingsgarten-marburg.de).

DELIRIUM
Einen Absacker oder auch mehrere trinkt man im Delirium im Steinweg 3.

VILA VITA ROSENPARK
Idyllisch an der Lahn mit großer Parkanlage liegt das luxuriöse Hotel, das auch einen großzügigen Spa-Bereich bietet (rosenpark.com).

ANREISE
Mit der Bahn von Berlin, Hamburg und München in ca. 4 Std., von Frankfurt am Main in ca. 1 Std. erreichbar

25 Nostalgisches Bad Ems

Wo Zaren, Kaiser und Könige badeten

Thermalquellen machten Bad Ems zum mondänen Kaiserbad. Doch auch heute weckt der Kurort Aufmerksamkeit – etwa mit der Ernennung zum UNESCO-Weltkulturerbe »Great Spa Towns of Europe«.

Klein-Nizza liegt an der Lahn. Heute hat Bad Ems vielleicht nicht gleich jeder auf dem Schirm, doch im 19. Jahrhundert war das anders. Während sich in Europa Unruhen breitmachten, wurde in Bad Ems das Entspannen zur Tagesordnung. Das Städtchen im Lahntal im heutigen Rheinland-Pfalz war zu dieser Zeit eine der bekanntesten Kurstädte Europas und wegen seiner Thermalquellen schon im Mittelalter bekannt. Der Hochadel, darunter auch der russische Zar, verbrachte hier die Sommerfrische. Sie alle kamen wegen des heilenden Wassers. Es wurde darin gebadet und das Heilwasser wurde natürlich auch getrunken und inhaliert – und das im passenden Ambiente. Ein Besuch von Bad Ems ist immer auch eine nostalgische Reise zurück in die Kaiserzeit. Den Stadtspaziergang beginnt man am besten im Kurpark. Auf beiden Seiten der Lahn wurde ein Kurbereich angelegt, der mit Promenaden, Parkanlagen und pompösen Bauwerken den Rang der Kurstadt verdeutlichen sollte. Den Mittelpunkt bildet das im 18. Jahrhundert im barocken Stil erbaute Kurhaus, in dem heute das Häckers Grand Hotel & Spa Resort keine Wünsche offenlässt. Hier befindet sich auch die Brunnenhalle, in der gleich drei verschiedene Quellen zutage treten: im Kesselbrunnen, Kaiserbrunnen und als berühmtestem im Emser Kränchen, die Lieblingsquelle Kaiser Wilhelms I. Probieren unbedingt erlaubt! Mit dem Kurhaus ist seit seiner Erweiterung Anfang des 20. Jahrhunderts durch Kolonnaden das Kursaalgebäude verbunden, an das sich der Kurpark mit Hotels und Gästehäusern anschließt. Im Kurtheater haben sich einst Könige und Kaiser nach den Wellnessbehandlungen ein wenig Kultur gegönnt. Lust auf eine Runde Roulette? Das älteste Spielcasino Deutschlands befindet sich ebenfalls im Gebäudeensemble des Kursaals und ist vielleicht das beste Beispiel für die mondäne Seite des Kurbetriebs.

Das Kurgebiet ist von steilen und felsigen Hängen umgeben. Vom Kurpark führt ein schmaler Felsenpfad hinauf zu den schönsten Aussichtspunkten über der Stadt. Am Weg befinden sich auch die faszinierenden und sagenumwobenen Heinzelmannshöhlen. Folgt man dem Felsenpfad weiter nach oben, erreicht man wenig später einen Aussichtspunkt. In südöstlicher Richtung verläuft der Panoramaweg dann bis zum Concordiaturm mit Restaurant. Gemütlicher ist die Fahrt mit der Kurwaldbahn: Mit 78 Prozent Steigung ist sie eine der steilsten Standseilbahnen der Welt – sie fährt in

← Abendlicher Blick über die Lahn hinweg auf das Weltkulturerbe Bad Ems

↗ Mondän: Das älteste Spielcasino Deutschlands findet sich im Gebäudeensemble des Kursaals.

Tipp

RUSSISCHE KIRCHE

Auf der südlichen Lahnseite steht mit der russisch-orthodoxen Kirche St. Alexandra eine besonders hübsch anzusehende Kirche. Der Kreuzkuppelbau mit seinen fünf Kuppeln wurde im 19. Jh. errichtet, um den zahlreichen und vor allem zahlungskräftigen russischen Kurbesuchern einen Ort der Andacht zu bieten.

»Ein bisschen Nizza, ein bisschen Monaco, ein bisschen Grand Budapest Hotel«

nicht einmal zwei Minuten vom Tal zur Bismarckhöhe hinauf. Hier oben lässt sich eine kleine Wanderung von dreieinhalb Kilometern starten; nur moderat ansteigend, genießt man dabei immer wieder wunderbare Blicke auf das Kaiserbad.

Lieblingsorte der Entspannung

Wer die Wirkung des Heilwassers am eigenen Leib erfahren möchte, sollte die von Thermalwasser gespeiste Emser Therme besuchen. Neben aller Nostalgie gehört sie zu den modernsten Thermen in Deutschland und bietet sieben Pools und eine Sauna- und Wellness-Landschaft mit Kräuterdampfbad, Emser Salzinhalation und Hammam sowie ein Regenfeld. Außergewöhnlich ist auch die schwimmende Fluss-Sauna, die über einen Steg erreichbar ist. Die Form der Schwimmbecken und Fenster ist übrigens von den Flusskieseln der Lahn inspiriert. Hier findet jeder seinen persönlichen Lieblingsort der Entspannung.

Wenn nach all dem Heilwasser und der Entspannung genügend Energie getankt wurde, kann man in Bad Ems ins Actionleben einsteigen. Die Lahn lässt sich nicht nur vom Ufer aus bewundern, durch den Wechsel von Stromschnellen und gemächlichen Passagen ist der Fluss auch eine der besten Adressen in Deutschland für Flusswanderungen und Kanutouren. Auf dem Wasser schippert man durch unberührte Flussauen und vorbei an steilen Felswänden. Wie wäre es mit einer Runde Stand-up-Paddling? Kurz SUP genannt, ist die kurzweilige Wassersportart eine entspannte Abwechslung, zumindest wenn man nach einigen Versuchen den Dreh raushat. Ganz klassisch und garantiert ohne Nasswerden geht es auf dem Tretboot über die Lahn – gemütliches Sightseeing mit Perspektivenwechsel!

↗ In der Römertherme kann man die Wirkung des Heilwassers am eigenen Leib erfahren.
← Der Kreuzkuppelbau der russisch-orthodoxen Kirche St. Alexandra ist besonders hübsch anzusehen. Er steht auf der südlichen Lahnseite.

Info

GEEIGNET
Als Wochenendtrip

KUR- UND STADTMUSEUM
Das Kur- und Stadtmuseum im alten Rathaus erzählt die Geschichte des Heilbads und zeigt historische Gegenstände der Stadtentwicklung aus zwei Jahrtausenden (museum-bad-ems.de).

CONCORDIATURM
Der Concordiaturm garantiert nicht nur eine grandiose Aussicht von hoch oben über Bad Ems, es gibt auch ein Restaurant & Café mit gutem Essen (concordiaturm.de).

HÄCKERS GRAND HOTEL
Das ehemalige Kurhotel bietet zwar keine Schnäppchenzimmer, dafür garantiert es mit der Wellness-Erlebniswelt und einem überwiegend im Originalzustand erhaltenen Ambiente einen einmaligen, genussvollen Aufenthalt (haeckers-grandhotel.com).

ANREISE
Mit dem Zug geht es von Frankfurt am Main in 2 Std., von Hamburg in 5 Std., von München in 5.30 Std. und von Berlin in 6 Std. nach Bad Ems.

26 Alpenstadt Berchtesgaden

Wo der schneebedeckte Watzmann die Kulisse bildet

Lust auf Berge? Zwischen Gipfeln, glitzernden Seen und dem Alpen-Nationalpark liegt Berchtesgaden, ein echtes Alpenjuwel und perfekt für einen Städtetrip mit Naturerlebnis.

Berchtesgaden entspricht allen Klischees – und das im besten Sinne. Der malerische bayerische Markt ist umgeben von einer atemraubenden Alpenkulisse, Kühe grasen auf den Weiden, und der Himmel scheint immer ein bisschen blauer als woanders. In und um Berchtesgaden reiht sich ein Postkartenmotiv an das nächste. Könige und Künstler verbrachten hier ihre Sommertage und machten Berchtesgaden zum Sehnsuchtsort. Bis heute lockt das Berchtesgadener Land viele Besucher und bringt als Kulisse für Filme und Serien die Zuschauer zum Seufzen.

Schon die Anreise nach Berchtesgaden übertrifft alle Erwartungen. Ab Freilassing schlängelt sich das Bahngleis durch Bergtäler und sattgrüne Wälder und Wiesen. Am Bahnhof angekommen, rauscht die Ache an den Gleisen vorbei, und der Blick schweift direkt zum imposanten Watzmann, dem 2713 Meter hohen Wahrzeichen der Region. Nicht nur die Anreise nach Berchtesgaden lässt sich wunderbar ohne Auto angehen, auch vor Ort kommt man problemlos mit Bus und Bahn weiter. Die Berchtesgadener-Land-Bahn verbindet Salzburg und das Bahnkreuz Freilassing mit der Stadt. Die Busse in der Region Berchtesgaden können Gäste mit der Gästekarte sogar kostenlos nutzen – vom Zentrum mitten in die Natur. Bevor es auf die Berge und zu den Seen geht, ist eine Runde durch die historische Marktgemeinde Pflicht. Berchtesgaden geht auf ein Chorherrenstift der Au-

← Berühmtes Postkartenmotiv: der Königssee mit der Wallfahrtskirche St. Bartholomä, dahinter erhebt sich die riesige Watzmann-Ostwand.

Tipp

SALZBERGWERK BERCHTESGADEN

Berchtesgaden verdankt seinen Wohlstand dem »weißen Gold«. Das Salzbergwerk Berchtesgaden ist das älteste aktive Salzbergwerk Deutschlands. Mit der Schmalspurbahn und unterirdischen Rutschen geht es in den Stollen und zu einem funkelnden Salzsee (salzbergwerk.de).

gustiner zurück, das 1102 gegründet wurde; ab dann entwickelte sich der Ort zu einem kulturellen Kleinod. In der schmucken Altstadt kann man das ehemalige Stiftsgebäude der Augustiner-Chorherren bewundern, das seit 1818 den Wittelsbachern als königliches Jagdschloss diente. Den hochmittelalterlichen Ursprung dokumentieren noch immer der Kreuzgang und die spätromanischen Skulpturen.
Im Schloss ist neben den Räumlichkeiten eine Porzellan- und Ostasiensammlung zu sehen, und vom Oberen Rosengarten bietet sich der vielleicht schönste Blick auf den Watzmann.
Beim Rundgang durch Berchtesgaden wird man immer wieder kleiner Schätze gewahr, wie etwa der romanischen Stiftskirche aus dem 12. Jahrhundert, der Brunnen und natürlich der Lüftlmalerei an den prächtigen Bauernhäusern. Am Ortseingang gibt es dann den ersten Vorgeschmack auf den Alpen-Nationalpark: Das Haus der Berge stimmt mit mehreren Ausstellungen, allen voran die 900 Quadratmeter große »Vertikale Wildnis«, auf die Natur ein.
Rund um das Haus der Berge erstreckt sich ein Außengelände, in dem sich vor der Bergkulisse die vier Haupt-Lebensräume des Nationalparks erleben lassen: Wasser, Wald, Alm und Fels.

»Der Nationalpark Berchtesgaden ist der Yellowstone-Park der deutschen Alpen.«

Heinrich Noe

Obersalzberg und Königssee

Oberhalb des Zentrums von Berchtesgaden liegt eingebettet in die imposante Bergkulisse der berühmt-berüchtigte Bergrücken des Obersalzbergs. Bis 1933 war das Hochplateau ein Erholungsgebiet mit Bergbauernhöfen und Gasthäusern. Dann enteigneten die Nationalsozialisten die Besitzer, sperrten das Gebiet rund um Hitlers Feriendomizil hermetisch ab und machten dieses zum zweiten Regierungssitz. Bei einem Bombenangriff wurden die Gebäude auf dem Obersalzberg weitgehend zerstört und die Ruinen danach gesprengt. Erhalten geblieben sind Bauwerke wie das Kehlsteinhaus und die Bunkeranlage, die vom Dokumentationszentrum Obersalzberg zugänglich gemacht wurde.
Türkisblaues Wasser, steile Berghänge und eine kleine Kapelle – der Königssee mit der berühmten Wallfahrtskirche St. Bartholomä ist wohl das bekannteste Postkartenmotiv der Region. Mit dem Elektroboot geht es auf das Wasser und mitten hinein in die fjordartige Seelandschaft. Erste Station ist die Wallfahrtskirche St. Bartholomä – wer hier aussteigt und eine Stunde erübrigen kann, erreicht zu Fuß das tiefstgelegene permanente Eisfeld der deutschen Alpen mit der sogenannten Eiskapelle. Doch Achtung, das Betreten ist lebensgefährlich! Ziel der Bootsfahrt ist dann die Station Salet am hinteren Ende des acht Kilometer langen Königssees, die allerdings nur im Sommer angefahren wird. Von Salet führt ein Weg zum Obersee und weiter zur Fischunkelalm und zum Röthbach-Wasserfall, dem höchsten Wasserfall Deutschlands.

↑ Mit der Schmalspurbahn geht es in den Stollen des Berchtesgadener Salzbergwerks.
↙ Hinter den Türmen der Stiftskirche von Berchtesgaden erhebt sich das Wahrzeichen der Bergregion: der sagenumwobene Watzmannstock.

Info

GEEIGNET
Als Mehrtagesausflug

EINZIANBRENNEREI
Mehr über die hochprozentige regionale Spezialität kann man bei einer Führung in der Enzianbrennerei Grassl erfahren – natürlich mit Verkostung (enzian-grassl.de).

BAUCHGFUI
Regionale Küche mit dem gewissen Etwas, das gibt es im Bauchgfui (bauchgfui.de).

EDELWEISS BERCHTESGADEN
Das 4-Sterne-Superior Hotel mitten in den Bayerischen Alpen bietet exklusive Wohlfühlatmosphäre mit Wellness und gleich vier Restaurants (edelweiss-berchtesgaden.com).

MOBIL MIT GÄSTEKARTE
In den Unterkünften erhalten Besucher die Gästekarte der Tourismusregion Berchtesgaden-Königssee, mit der die RVO-Busse der Gemeinden Ramsau, Berchtesgaden, Schönau am Königssee, Bischofswiesen und Marktschellenberg kostenlos genutzt werden können.

ANREISE
Mit der Bahn von München in 2.30 Std., von Hamburg in 6 Std. und von Berlin in 8 Std. erreichbar

27 Olympiastadt Garmisch-Partenkirchen

Hier liegt Adrenalin in der Luft

Im Jahr 1936 schrieb Garmisch-Partenkirchen Sportgeschichte: Die Olympischen Winterspiele mit Teilnehmern aus 28 Ländern hielten die Alpenstadt auf Trab.

Noch heute zeugen die Sprungschanze am Gudiberg und die Olympia-Bobbahn in der Nähe des Riessersees vom sportlichen Megaevent. Heute ist es das berühmte Neujahrsspringen der Vierschanzentournee, das Wettkampfatmosphäre in die Stadt bringt und zeigt, dass die Leidenschaft für Wintersport in Garmisch-Partenkirchen noch ungetrübt ist.

Mit der Marktgemeinde in der Zugspitzregion ist es ein Phänomen: Während man durch die malerischen Gässchen oder die Ludwigstraße schlendert, stellt sich unweigerlich ein heimeliges Gefühl ein. Es ist die gesamte Szenerie: Vor der mächtigen Bergkulisse spaziert man an alten Kirchen wie der Sebastianskirche, an bunt bemalten Fassaden, reich verzierten Balkonen der Werdenfelser Bauernhäuser und an gemütlichen Cafés vorbei, und schwupps – ist es passiert. Im Michael-Ende-Kurpark laden knorrige Bäume und ein Seerosenteich zum Tagträumen ein und machen die Stimmung perfekt. Wer schon beim Stadtbummel dem Charme der Stadt erlegen ist, muss sich im Umland noch auf eine größere Charmeoffensive gefasst machen.

Das Adrenalin, das unschlagbare Gefühl des Triumphs und vor allem Ehrfurcht flirren noch heute durch die Luft, wenn man vor der Skisprungschanze steht. Die Große Sprungschanze am Gudiberg wurde 1923 errichtet und diente 1936 als Austragungsort der Olympischen Winterspiele. 2007 wurde sie durch die heutige Skisprungschanze ersetzt, die mit einem 100-Meter-Anlaufturm 62 Meter frei über dem Boden schwebt. Bei einer Führung auf die Olympiaschanze kann man eine Portion Wettkampfgefühl am eigenen Leib spüren. Direkt daneben führt der Slalomhang am Gudiberg ins Skistadion. Legendär ist auch die Kandahar-Abfahrt, die zu den anspruchsvollsten Rennstrecken der Welt ge-

→ Atemberaubende Partnachklamm: Durch die 700 Meter lange Schlucht tosen gewaltige Wassermassen an massiven Felswänden entlang.

Tipp

HACKER-PSCHORR-HÄNGEBRÜCKE

Hoch über Partenkirchen spannt sich in 30 m Höhe und auf einer Länge von 57 m die Hängebrücke über dem Faukengraben im Wankgebiet. Adrenalin pur! Bei einer Wanderung von der Sebastianskirche zur Tannenhütte am Wank liegt die Hängebrücke am Weg.

hört. Und über dem Riessersee liegt ein weiterer Schauplatz der Olympischen Winterspiele: die einst gefährlichste Bobbahn der Welt – mit unglaublichen 120 km/h rasten die Sportler durch enge Kurven ins Tal. 1966 wurde die Bahn geschlossen, heute kann man die ehemalige Streckenführung der Bobbahn zu Fuß durchwandern, Startpunkt ist dabei der Bahnhof in Garmisch-Partenkirchen.
Wer nach all den Ikonen des Wintersports nun auch endlich auf die Piste will, findet zwischen den drei Skibergen Hausberg, Kreuzeck und Alpspitze das abwechslungsreiche Skigebiet Garmisch-Classic vor – und dann gibt's natürlich noch die legendäre Zugspitze, wo fast die gesamte Palette des Wintersportangebots wartet. An der Bergstation der Alpspitzbahn lockt mit der Aussichtsplattform AlpspiX am Osterfelderkopf ein Highlight: ein Steg 1000 Meter über dem Erdboden des Höllentals. Mit der nostalgischen Zahnradbahn oder der topmodernen Seilbahn geht es hingegen auf den höchsten Gipfel Deutschlands: Auf der Zugspitze wartet ein 360°-Panorama-Blick über 400 Alpengipfel in vier

»Bayerische Tradition mit internationalem Flair«

Ländern und hinab auf den türkis glitzernden Eibsee. Jedes Jahr wird auf 2600 Metern Höhe ein Iglu-Dorf errichtet – mit Expeditionsschlafsack und dicken Fellen wird die Nacht kuschelig, am Morgen gipfelt das Erlebnis im Sonnenaufgangsspektakel (iglu-dorf.com).

Wildwasser-Wege erklimmen

So sehr Garmisch-Partenkirchen Wintersportstätte durch und durch ist, gibt es auch außerhalb der Pisten einiges zu entdecken. Atemberaubend wird es in der Partnachklamm: Gewaltige Wassermassen toben an massiven Felswänden durch die 700 Meter lange Felsschlucht. Vor allem im Winter, wenn das Wetter eisig ist, zeigt sich die Klamm als ein Wunderland aus gefrorenem Wasser und vereisten Felsen. Besonders atmosphärisch wird es in der kalten

↗ Im Sommer lockt ein Ausflug zum Gschwandtnerbauer am Wank.
← Wer das Skifahren liebt, wird am Eckbauer oberhalb von Garmisch-Partenkirchen voll auf seine Kosten kommen.

Jahreszeit auf den geführten Fackelwanderungen nach Einbruch der Dunkelheit. Der Pfad ist gleichzeitig Hin- und Rückweg, zu Stoßzeiten bietet es sich an, weiter zum Berggasthof Eckbauer zu wandern und dann mit der Eckbauerbahn zurück zum Olympiastadion zu fahren. Vom Olympia-Skistadion ist die Partnachklamm über die Wildenauer Straße zu Fuß in etwa 20 Minuten zu erreichen. Zum Skistadion fahren die Buslinien 1 und 2 – mit der Zugspitz Arena Bayern-Tirol Card sogar für lau!

Info

GEEIGNET
Als Mehrtagesausflug

BOULDERN
Die Boulderhalle Garmisch-Partenkirchen ist eine der traditionsreichsten in Deutschland (boulderhalle-garmisch.de).

KAFFEERÖSTEREI WILDKAFFEE
Hier kommt nur hochwertiger Rohkaffee in die Tasse – ein Ort für Kaffeeliebhaber (wild-kaffee.de).

DAS GRASECK
Ob als Auszeit mit Übernachtung oder Day Spa, das Graseck verspricht Erholung mit Ausblick auf das Wettersteingebirge (das-graseck.de).

TANNENHÜTTE
Heimatgenuss mit allen Sinnen, das hat sich die Tannenhütte zum Motto gemacht. Es gibt regionale Gerichte und eine grandiose Aussicht (tannenhuette.de).

MUSEUM WERDENFELS
Das Museum Werdenfels zeigt die bewegte Geschichte und Kultur des Werdenfelser Lands (museum-werdenfels.de).

ANREISE
Garmisch-Partenkirchen ist mit dem Zug von München in 1.30 Std. zu erreichen, von Berlin in gut 6 Std., von Frankfurt am Main in 5 Std. Im Landkreis Garmisch-Partenkirchen können zahlreiche Busverbindungen des Oberbayernbusses mit der Gästekarte gratis genutzt werden.

Am Theaterplatz von Weimar (ab S. 165) steht seit 1857 vor dem Nationaltheater das Wahrzeichen der Stadt: das Goethe-Schiller-Denkmal.

Kulturelle Schätze

Unterwegs zwischen Festspielen und Filmdrehorten

POMMERLAND

28 Friedrichs Greifswald

Heimathafen der Romantik

Wie hübsch Greifswald ist, sehen oft nur die Bewohner und die Studierenden. In der Rangliste für Städtereisen hat sich das Ostseestädtchen noch keinen großen Namen gemacht – zum Glück!

In Greifswald, das zwischen Rügen und Usedom liegt, gibt es eigentlich alles, was man sich von einem Citytrip wünscht: Geschichte, Kunst und Kultur. Greifswald bietet prachtvolle Häuser im Stil der Backsteingotik aus der mittelalterlichen Hansezeit und ein entspanntes Flair, das alle Studentenstädte mit sich bringen, und es hat auch in Sachen Kultur ein großes Ass im Ärmel: Caspar David Friedrich, dessen Bilder »Der Wanderer über dem Nebelmeer« und der »Mönch am Meer« Ikonen der Kunst sind.

Der große Romantiker wurde am 5. September 1774 in Greifswald geboren, das damals infolge des Dreißigjährigen Kriegs zu Schweden gehörte. Mit seinen melancholischen Bildern, die von Einsamkeit, Hoffnung und Naturerfahrungen geprägt sind, traf er den Zeitgeist der Romantik wie kein anderer. Inspirationen fand er auch in seinem Heimatort, in den er nach Studienaufenthalten in Kopenhagen und später Dresden immer wieder zurückkehrte. Der Caspar-David-Friedrich-Bildweg führt auf 18 Kilometern an den wichtigsten Stationen seines Lebens und an den Orten vorbei, die den Maler zu seinen Bildern inspirierten. Nebenbei entdeckt man Sehenswürdigkeiten der Stadt. Die Strecke führt von der Altstadt nach Wieck und zur Klosterruine Eldena. Wer den kompletten Rundweg zu Fuß gehen will, hat ein gutes Tagesprogramm vor sich. Alter-

← Im Stadthafen von Greifswald, der heute als größter Museumshafen Deutschlands gilt, erinnern alte Boote an vergangene Zeiten.

Tipp

FISCHERFEST

Einmal im Jahr wird es im beschaulichen Wieck so richtig voll: Beim Fischerfest Gaffelrigg am dritten Wochenende im Juli lockt das Volksfest am Museumshafen zahlreiche Besucher. Es warten Fahrgeschäfte, Bühnenauftritte und Sportevents und natürlich die Museumsschiffe, die im Hafen ein- und auslaufen.

nativ lässt sich der Bildweg mit dem Fahrrad zurücklegen oder auf die Stationen in der Altstadt begrenzen. Ausgangspunkt ist das Geburtshaus des Künstlers mitten in der Altstadt oder besser gesagt: dessen Neubau, der nach einem Brand 1901 errichtet wurde. 2004 wurde im Geburtshaus das Caspar-David-Friedrich-Zentrum eröffnet, das sich dem Leben, der Familie, Ausbildung, Vorgehensweise, dem künstlerischen Erbe und der Verbreitung seiner Werke widmet. Im historischen Keller, der vom Brand verschont geblieben ist, gibt es Einblicke in die väterliche Seifen- und Kerzenwerkstatt. Greifswald ist berühmt für seine drei Kirchen, die die Einwohner liebevoll Dicke Marie, Kleiner Jacob und Langer Nikolaus nennen. Vom Dom, der Taufkirche des Malers, geht es durch die historische Altstadt zur Universität, wo das Talent Friedrichs schon in jungen Jahren gefördert wurde. Die Greifswalder Universität, bereits im Jahr 1456 gegründet, ist eine der ältesten Universitäten Mitteleuropas. Am Wall entlang

»Nach dem Höchsten und Herrlichsten mußt du ringen, wenn dir das Schöne zuteilwerden soll.«

Caspar David Friedrich

führt der Weg bis zum Stadthafen, der heute als größter Museumshafen Deutschlands an vergangene Zeiten der Hansestadt erinnert. Mehr als 70 restaurierte Schiffe werden hier den Besuchern präsentiert. Das ehemalige Fischerdorf Wieck ist heute ein Stadtteil von Greifswald. Wahrzeichen ist die Holzklapp-

brücke, die im Jahr 1887 nach holländischem Vorbild erbaut wurde – zur vollen Stunde wird die Brücke mit einer Drehkurbel aufgezogen. Caspar David Friedrich liebte es, in Wieck die Segelschiffe zu beobachten, die zu einem Hauptmotiv in seinen Gemälden wurden. Wer es ihm gleichtun will, setzt sich in eines der zahlreichen Cafés oder Restaurants oder spaziert an der Hafenpromenade bis zur Mole und übt sich im Schiffe-Gucken und Reetdächer-Bewundern.

↑ Mystische Herbst-Stimmung an der Klosterruine Eldena, von Friedrich oft gezeichnet
↙ In der Innenstadt von Greifswald kann man am zentralen Marktplatz zwischen historischen Gebäuden Kaffeefreuden genießen.

Ruinen-Romantik

An der Klosterruine Eldena, dem Ort, an dem die Stadt Greifswald ihren Ursprung hat, kann man vor allem im Herbst und Winter der mystischen Stimmung nachspüren, die Friedrich in seinen Werken verewigte. Er skizzierte das ehemalige Zisterzienserkloster immer wieder und baute es in viele seiner Gemälde ein. Die Ruine war es schließlich, die den Künstler berühmt machte und das Kloster selbst zu einem Symbol der Romantik werden ließ. Im Sommer ist vom melancholischen Charme nichts zu spüren, dann geht es bei Veranstaltungen fröhlich zu. Ganz in der Nähe des Klosters befindet sich auch das Strandbad Eldena. Wenn das Wetter passt, packt man sich also besser ein Bade-Outfit ein. Den Abschluss bildet die Gemäldegalerie des Pommerschen Landesmuseums – nach all den Orten der Inspiration lassen sich hier die Ergebnisse im Original bewundern.

Info

GEEIGNET
Als Tagesausflug

AUSSICHT
Wer die 264 Stufen des 100 m hohen Dom-Kirchturms hinaufsteigt, wird mit einem tollen Ausblick belohnt: Von hier aus sieht man nicht nur den Marktplatz mit seinen gotischen Giebelhäusern, sondern auch die Boddenlandschaft.

FISCH13
Im Fisch13 unweit des Marktplatzes gibt es die besten Fischbrötchen der Stadt (fisch13.de).

CAFÉ BOMMELZ
Vegetarier werden im Café Bommelz bei Vöner und Burger glücklich (bommelz.shop).

ECLIPSE OF THE SUN
Für perfektes maritimes Flair kann man im Hotel im Museumshafen auch auf dem Wasser übernachten. Mit Skipper lassen sich zusätzlich Bootsausflüge buchen (eclipse-of-the-sun-greifswald.hotel-mix.de).

ANREISE
Greifswald ist mit dem Zug von Berlin in 3 Std., von Hamburg in 4 Std. und von München in gut 7 Std. zu erreichen.

29 Lebenswertes Leipzig

Viel Raum zum Entfalten und Entdecken

Hip, hipper, Leipzig? Seit Jahren heißt es, Leipzig sei das neue Berlin. Den Rang abgelaufen hat die sächsische Stadt der Hauptstadt noch nicht – und das ist auch gut so.

Nach Leipzig kommt man gern. Die vergleichsweise niedrigen Mieten, verfügbarer Wohnraum, aber auch eine lebendige Kulturszene machen die Stadt zu einem lebens- und besuchenswerten Ort. In der DDR war Leipzig ein wichtiger Industriestandort für Chemie, Maschinenbau und Textilien. Heute haben sich in den ehemaligen Industriegebäuden viele Kreative niedergelassen, und in den Backsteinbauten entstanden Ateliers und Galerien, Start-ups nutzen die Etagen als Bürolofts, und in Cafés werden Cold Brew und Avocado-Toast serviert. Doch neben all den coolen Orten ist Leipzig mit seinen zahlreichen Parks auch überraschend grün. Im Umland wurden zudem stillgelegte Braunkohlegruben geflutet und zu Seenlandschaften umgestaltet.
Doch bleiben wir einen Moment beim »klassischen« Leipzig. Wer zum ersten Mal die Stadt besucht, widmet sich wahrscheinlich den naheliegenden Sehenswürdigkeiten. Und die sind zweifelsohne sehenswert: Vom Marktplatz mitsamt dem Alten Rathaus geht es zur prachtvollen Mädlerpassage, der berühmtesten Einkaufspassage der Stadt mit nicht nur zahlreichen Geschäften fürs ausgedehnte Shopping, sondern auch Auerbachs Keller – hier trank Goethe nicht nur häufig sein Bier, er siedelte auch Szenen seines »Faust« hier an. Nur einen Katzensprung entfernt stehen mit der Nikolai- und der Thomaskirche die beiden wichtigsten Gotteshäuser der Stadt – in Letzterer ließ Johann Sebastian Bach die Orgel erklingen. Vorbei am wunderschönen Neuen Rathaus, dessen Turm einen beeindruckenden Ausblick zu bieten hat, geht es zum modernen Paulinum, das Aula und Kirche der Universität beherbergt, zur Oper und zum Gewandhaus. Abends lockt das Barfußgässchen, die Kneipenmeile im Zentrum, wo auf engstem Raum Kneipen und Restaurants stehen.

↑ Bei Nachtschwärmern beliebt: die Kneipenmeile Drallewatsch mit »Till's Tunnel«
← In Leipzig kann man auch paddelnd auf der Weißen Elster (hier in Plagwitz) oder dem Karl-Heine-Kanal die Stadt erkunden.

Paradies für Kreative

Doch so sehenswert das Zentrum Leipzigs ist: Was die Stadt wirklich besonders macht, sind die Kreativ-Viertel. Wer sich den klassischen Highlights gewidmet hat, sollte nun an die Ränder der Stadt. Wo in anderen Städten Freiräume längst verschwunden sind, konnten sich in Leipzig noch einige subkulturelle Oasen erhalten und zu (Sub-)Kulturzentren etablieren. Das Szeneviertel der Stadt ist die Südvorstadt mit ihrer pulsierenden Ader, der Karl-Liebknecht-Straße, genannt KarLi. Hier gibt es Bars,

Tipp

STREET ART

Wie es sich für subkulturelle Viertel gehört, gibt es in Plagwitz auch bunte Wände zu bewundern. Eine Street-Art-Tour durch das Viertel führt vorbei an Buddha, Batman und Persil-Frau. Den dazugehörigen Plan gibt es unter petersbogen-leipzig.de/street-art-leipzig-plagwitz.

Restaurants und Boutiquen jenseits des Mainstreams. Eine Institution im Südviertel ist das Feinkost-Gelände mit der berühmten Löffelfamilie. Das Areal hat eine lange Geschichte. Als Brauerei gegründet, dann Produktionsort von Konserven, zwischendurch als Gesellschaftshaus genutzt, befindet sich hier heute ein Kulturzentrum mit nicht etwa Delikatessen, sondern Flohmärkten, Sommerkinos, Theater, Biergarten und alternativen Shops.

Weitere bunte Orte liegen im Westen der Stadt: die Viertel Plagwitz und Lindenau. Eine Tour durch den Westen startet am besten entlang der Karl-Heine-Straße, wo man sich alle paar Meter im Barrista-Himmel, beim veganen Vietnamesen oder im Concept-Store wiederfindet. Berühmt ist Plagwitz aber vor allem wegen seiner kreativen Orte wie dem Kunstkraftwerk, dem Westwerk oder der Baumwollspinnerei. Auf deren gewaltigem Industriegelände sind heute Ateliers, Galerien, Werkstätten, Ausstellungsflächen, aber auch Cafés und Apartments zu finden. Der wohl berühmteste Name, der mit der Baumwollspinnerei verbunden ist: Neo Rauch, der international bekannte Künstler und bedeutendste Vertreter der sogenannten Neuen Leipziger Schule. Freitags und samstags werden Führungen über das Gelände angeboten.

»Zwischen Sightseeing und Subkultur«

Weit weg von Offspaces, Grafitti und Subkultur ist das Völkerschlachtdenkmal einen Besuch wert. Das Wahrzeichen der Stadt erinnert an die Niederlage Napoleons im Jahr 1813. Zwei Panoramaplattformen, eine Krypta, eine Ruhmeshalle und ein See sorgen für einen imposanten Anblick. Vor allem bei Sonnenuntergang lohnt sich der Besuch, denn sobald die Sonne verschwunden ist, illuminieren Lichter das Denkmal.

↗ Subkultur: Wandgemälde zur Deutschen Einheit von Fischer-Art (Brühlarkaden)

← Wahrzeichen der Stadt: Das Völkerschlachtdenkmal erinnert an die Niederlage Napoleons 1813. Neben der Ruhmeshalle lockt auch ein See.

Info

GEEIGNET

Als Tagesausflug oder Wochenendtrip

LEIPZIG ZOO

Der Leipziger Zoo gehört zu den besten in Europa. Highlight sind die thematischen Lebensräume wie Gondwanaland oder Pongoland (zoo-leipzig.de).

KANUFAHREN

In Leipzig geht es paddelnd auf dem Karl-Heine-Kanal durch die Stadt oder in den Kanupark Markkleeberg. Hier steht die modernste Wildwasseranlage Europas (kanupark-markkleeberg.com).

SYMBIOSE

Pflanzenbasierte regionale, saisonale und Bio-Küche vom Frühstück über Flammkuchen, Quiche und Burger bis zu Curry gibt es im Symbiose in der Karl-Liebknecht-Straße (symbiose-leipzig.de).

TRAVEL24

Das Travel24 liegt nah beim Hauptbahnhof. Etwas kurios sind die Badewannen in Highheel-Form, von denen man aus dem Fenster auf Leipzig blickt (hotel-travel24.com).

ANREISE

Mit dem Zug dauert die Reise nach Leipzig von Berlin gut 1 Std., von Hamburg und von München ca. 3–4 Std.

KARSTADT Reisebüro
Kasse
Kasse

30 Filmreifes Görlitz

Lieblingsstadt der Hollywood-Stars

Grenzstadt zu Polen, hübsch restaurierte Häuser – viel mehr wissen viele Deutsche nicht über Görlitz. Dabei ist die Stadt bekannt wie ein bunter Hund, vor allem in Hollywood.

Görliwood, der Name klingt zugegebenermaßen ein bisschen sehr nach Stadtmarketing. Doch es stimmt: Kaum eine Stadt ist bei Filmemachern so beliebt wie Görlitz an der Neiße. Aufgrund der gut erhaltenen Bauwerke aus den unterschiedlichsten Epochen kann Görlitz alles sein: das Paris im 18. Jahrhundert bei »In 80 Tagen um die Welt«, das Heidelberg der 1950er-Jahre in »Der Vorleser« oder das Budapest für Wes Andersons »Grand Budapest Hotel«. Auch Quentin Tarantino drehte Szenen von »Inglourious Basterds« hier in Görlitz. Die östlichste Stadt Deutschlands ist also mehr Filmlocation als Stadt und das bereits seit den 1950er-Jahren. Was den Hollywoodstars neben der perfekten Kulisse besonders gefällt, ist die entspannte Art der Görlitzer – Fan-Hype und Menschenmassen sucht man hier vergebens.
Auf den Spuren der Stars geht es auf dem »Walk of Görliwood« zu den bekanntesten Drehorten der Filmstadt. Die Stationen geben Einblicke in die Dreharbeiten, z. B. zu »Grand Budapest Hotel« oder »Wolfsland«. Die Tour beginnt in der Neißstraße am Braunen Hirsch. Wer nicht nur auf eigene Faust die Schauplätze erkunden will, ist mit einer Themenführung zu den Filmdrehorten bestens beraten. Auch eine Stadtrundfahrt mit dem markanten roten Doppeldecker-Carbrio hat sich den cineastischen

← In Görlitz gibt es viel alte Bausubstanz zu bewundern, wie etwa den Jugendstil-Lichthof eines Kaufhauses am Demianiplatz.

Tipp

LANDSKRON-BRAUEREI

Eine Führung in der traditionellen Landskron Brau-Manufaktur ist Pflicht bei einem Görlitz-Besuch – und das nicht nur für Bierliebhaber: Auch die Brauerei war schon einmal Drehort, und zwar für »In 80 Tagen um die Welt«. Dort wurde sie kurzerhand zum New Yorker Hafen umfunktioniert (landskron.de).

»Europastadt Görlitz / Zgorzelec – grenzenlos schön!«

Orten gewidmet. Grundlage der Filmkulissen sind die wunderschönen Häuser aus der Spätgotik, Renaissance und dem Barock, die sich an den Straßen der Altstadt aneinanderreihen. Sie zeugen vom Wohlstand der damaligen Handelsstadt. Görlitz wurde an der Handelsstraße Via Regia zwischen Breslau und Leipzig errichtet und wurde rasch zu einem wichtigen Umschlagsplatz. Aus dieser Zeit stammen die unverwechselbaren Hallenhäuser, z. B. das Barockhaus Neißstraße 30, in dem heute das Städtische Museum untergebracht ist.

Im Zweiten Weltkrieg blieb Görlitz unbeschadet, und so sind noch heute die Architekturstile aus den unterschiedlichen Jahrhunderten erhalten geblieben. Nach dem Krieg sah es allerdings erst einmal schlecht aus für die historische Bausubstanz – in der Zeit des Sozialismus zerfielen die Häuser, und so wurden Pläne geschmiedet, die Altstadt abzureißen. Nach der Wende sorgten Investoren dafür, dass man diese Pläne über Bord warf und die Altstadt stattdessen sanierte. Ein geheimer Spender sorgte 1995–2016 für regen Geldfluss: jährlich eine Million Mark. Mit 4000 Baudenkmälern ist Görlitz heute das größte Flächendenkmal in Deutschland und zeigt so immer noch 500 Jahre mitteleuropäischer Baugeschichte.

Drehort und Europastadt

Dreh- und Angelpunkt der Altstadt und der beliebteste Drehort ist der Untermarkt. Bei »In 80 Tagen um die Welt« wird der Untermarkt zum Paris des

19. Jahrhunderts, der Rathausturm und Brunnen sind in »Inglourious Basterds« zu sehen, und auch die Szene der Bücherverbrennung in »Die Bücherdiebin« wurde am Platz vor dem Hotel Börse gedreht. Das Rathaus präsentiert sich als Potpourri der Epochen und hat eine prachtvolle Innenausstattung; die Freitreppe gilt als ein Meisterwerk der Frührenaissance. Ein kleines Kuriosum findet man ebenfalls am Untermarkt, genauer gesagt am Portal der Hausnummer 22: Hier befindet sich der Flüsterbogen – wenn man auf der einen Seite des Bogens flüstert, ist es am anderen Ende ganz deutlich zu hören.
Wer über die Altstadtbrücke läuft, merkt, dass die Schilder plötzlich auf Polnisch geschrieben sind, denn mir nichts, dir nichts hat man die Grenze nach Polen passiert. Zusammen mit dem polnischen Zgorzelec hat sich Görlitz zur Europastadt erklärt. Seit 2004 sind beide Städte über die Brücke miteinander verbunden, und so lässt sich ganz einfach ein grenzüberschreitender Spaziergang ins Sightseeing integrieren. Der Besuch im polnischen Teil ist ein Kontrastprogramm: Statt sauber restauriertem Altstadtflair gibt es Plattenbauten und Alltag weit abseits von Hollywood. Doch gerade dieser Kontrast zwischen herausgeputzten Plätzen und authentischem Lebensraum ist es, der den Besuch auf der polnischen Seite so interessant macht.

↑ Die Freitreppe des Rathauses gilt als Meisterwerk der Frührenaissance.
↙ Filmreife Architektur wie hier am Untermarkt in der Altstadt machte Görlitz zum beliebten Drehort für so manchen Kinostreifen.

Info

GEEIGNET
Mindestens als Tagesausflug, gern auch länger

ANGEBOTE ZU GÖRLIWOOD
»Walk of Görliwood«: goerlitz.de/Walk-of-Goerliwood.html; Themenführungen zu Filmdrehorten: goerlitz-tourismus.de/stadtfuehrungen; Stadtrundfahrt »Görliwood Entdecker«: goerlitzentdecken.de

GÖRLITZER JERUSALEM
Die Heilig-Grab-Anlage aus dem 15. Jh. bildet Teile der Grabeskirche in Jerusalem rund um das Sterben und die Auferstehung Jesu Christi nach (goerlitz.de/Sakrales_Goerlitz.html).

SCHLESISCHES MUSEUM
Im historischen Gebäudekomplex werden fast 1000 Jahre schlesische Kulturgeschichte präsentiert (schlesisches-museum.de).

KOCHWERK
Etwas versteckt im Hinterhaus am Demianiplatz gibt es im Kochwerk ein hervorragendes veganes Mittagessen (kochwerk-goerlitz.de).

KRÄNZEL 21
Altes Gründerzeithaus mit Liebe zum Detail eingerichtet und mit schönem Garten am Rand der Altstadt (kraenzel21.de).

ANREISE
Die Anreise nach Görlitz dauert mit der Bahn von Berlin 2.30 Std., von Hamburg 6 Std. und von München 6.30 Std.

31 Festspielstadt Bayreuth

Epizentrum der Wagner-Begeisterung

Bei Bayreuth denkt man zwangsläufig an die Richard-Wagner-Festspiele, die die Stadt über fünf Wochen hinweg jedes Jahr ab Ende Juli in einen Ausnahmezustand versetzen.

Stundenlange Opern, bei denen man kein Wort versteht, unbequeme Stühle und teure Tickets – die Wagner-Festspiele sind nicht jedermanns Geschmack. Dennoch geben sich jährlich die Schönen, Reichen und Wichtigen die Klinke in die Hand, wenn die Bayreuther Festspiele auf den Grünen Hügel locken. Die Karten für die 30 Vorstellungen sind Jahre im Voraus ausverkauft – auf 58 000 Tickets kommen etwa 500 000 Kartenbestellungen, und auf dem florierenden Schwarzmarkt wurden Tickets schon zu exorbitanten Preisen vermittelt.

Tipp

DIE STADT UNTER DER STADT

Zwischen dem 15. und dem 19. Jh. entstanden in der Bayreuther Unterwelt weitverzweigte Gänge. Sie dienten zum Erzabbau, als Bierlager, Bunker und Lazarette. Bei einem heutigen Besuch taucht man in diese legendäre Unterwelt ein und wird beeindruckt sein (bayreuther-bier.de).

Gegrründet wurden die Festspiele vom Komponisten Richard Wagner, der einen Ort fernab des Trubels schaffen wollte, an dem die ganze Konzentration auf der musikalischen Darbietung liegen sollte. Nach den Plänen Richard Wagners entstand auf dem Grünen Hügel etwas außerhalb der Bayreuther Innenstadt 1872–1876 das Festspielhaus. Als Architekt gewann Wagner Gottfried Semper, der auch in Dresden für den Bau des Hoftheaters zuständig war. Im Festspielhaus wurde Platz für 2000 Zuschauer und damit eine der größten Opernbühnen der Welt geschaffen. Bis heute gilt das Festspielhaus als eines der Opernhäuser mit der besten Akustik weltweit. Die ersten Festspiele unter Leitung Richard Wagners begannen am 13. August 1876 mit der erstmals vollständigen zyklischen Aufführung des »Ring des Nibelungen«. 1882, wenige Monate vor dem Tod Wagners, fanden die nächsten Festspiele statt. Seitdem

→ **Der Sonnentempel in der Eremitage wurde an der Fassade mit unzähligen Mosaiksteinchen aus Glas und Kristallen verziert.**

wird jährlich ein Teil der zehn Hauptwerke des Komponisten aufgeführt. Außerhalb der Festspielzeiten lässt sich der weltberühmte Opernbau im Rahmen einer Führung besichtigen. In Richard Wagners Wohnhaus Wahnfried, das er am Hofgarten bauen ließ, ist heute das Richard Wagner Museum untergebracht. Angegliedert daran sind das Nationalarchiv der Richard-Wagner-Stiftung und ein moderner Museumsneubau.
Das Festspielhaus ist aber nicht die einzige Bühne der Stadt: Mitten in der Innenstadt befindet sich das Markgräfliche Opernhaus, das besterhaltene Beispiel eines freistehenden barocken Hoftheaters und eines der wenigen im Original erhaltenen Theatergebäude aus der Zeit vor der Französischen Revolution. Seit 2012 gehört es zum UNESCO-Weltkulturerbe. Das Gebäude, das von außen relativ unscheinbar wirkt, ist im Inneren umso beeindruckender. In weniger als vier Jahren wurde es ab 1746 im Stil der italienischen Logentheater errichtet. Erbauen ließ es Markgräfin Wilhelmine von Brandenburg-Bayreuth anlässlich der Hochzeit ihrer Tochter. Die Markgräfin, Königstochter aus Berlin, war eine der mächtigsten Frauen ihrer Zeit und den Künsten sehr zugetan. Sie spielte selbst mehrere Instrumente, schauspielerte, malte, schrieb Opern, führte Regie und ließ Bauwerke und Parks gestalten. Vor einigen Jahren wurde das Markgräfliche Opernhaus umfassend restauriert. Bei einem Konzert oder mit einer Führung lässt es sich in seiner vollen Pracht bewundern.

»Ich denke immer noch, irgendwann einmal sitzen wir alle in Bayreuth zusammen und begreifen gar nicht mehr, wie man es anderswo aushalten konnte.«

Friedrich Nietzsche

Schlösser im Überfluss

Wer glaubt, dass es imposanter nicht geht, lässt sich vom Neuen Schloss eines Besseren belehren. Das zentral gelegene Schloss mit dem angrenzenden Hofgarten wurde Mitte des 18. Jahrhunderts errichtet, als das Alte Schloss einem Brand zum Opfer fiel. Nach dem Wiederaufbau dient das Alte Schloss in der Innenstadt heute als Sitz des Finanzamts. Das Neue Schloss mit all seinem Prunk ist ein Hauptwerk des Rokokos. Wer den Festsaal, das Palmenzimmer und das Spiegelscherbenkabinett besucht, versteht, warum.

↗ Das Neue Schloss mit dem Hofgarten wurde Mitte des 18. Jahrhunderts errichtet.
← Der »Walk of Wagner« verbindet entlang 19 Stationen das Wohnhaus Wahnfried (im Bild) mit dem Festspielhaus auf dem Grünen Hügel.

All dieser Prunk ist noch immer nicht genug, außerhalb der Innenstadt geht es prachtvoll weiter – die Eremitage ist vielleicht sogar der Gipfel in Sachen Glanz und Gloria. Mit dem Bus fährt man zum Neuen und zum Alten Schloss in der Eremitage (bei all den alten und neuen Schlössern kann man fast schon durcheinanderkommen).

Das Neue Schloss in der Eremitage wurde an der Fassade mit unzähligen kleinen funkelnden Mosaiksteinchen aus Steinen, Glas und Kristallen verziert. Die Grotten entzücken mit Wasserspielen, und neben den Gebäuden gibt es noch die riesige, wunderschöne Parkanlage, in der man allein schon Stunden umherwandeln kann.

Info

GEEIGNET

Als Wochenendausflug

WALK OF WAGNER

Der »Walk of Wagner« verbindet entlang 19 Stationen das Wohnhaus Wahnfried mit dem Festspielhaus auf dem Grünen Hügel. Die Broschüre zum »Walk of Wagner« gibt es bei der Tourist-Info Bayreuth (bayreuth-tourismus.de).

LIEBESBIER

Das Liebesbier (liebesbier.de) ist ein Ort zum Wohlfühlen. Es vereint ein urbanes Hotel mit einem Restaurant, in dem 100 eigens gebraute Biere und leckere Burger serviert werden – große Liebe!

OSKAR

Das zentral gelegene Wirtshaus Oskar am Markt serviert fränkische Gerichte wie Schäufele, hat aber auch Vegetarisches und Veganes auf der Karte stehen (oskar-bayreuth.de).

ANREISE

Bayreuth erreicht man mit dem Zug von München in 2 Std. und von Berlin oder Hamburg in knapp 4 Std.

32 Perle der Romanik – Naumburg an der Saale

Zu Gast bei der schönsten Frau des Mittelalters

Schmollmund, ein forscher Blick und das Gesicht geheimnisvoll im hoch gezogenen Mantelkragen verborgen – Markgräfin Uta von Ballenstedt lockt bis heute Menschen in den Naumburger Dom.

Die Markgräfin, genannt Uta von Naumburg, war nicht nur eine Frau des Hochadels, sie galt als die schönste Frau des Mittelalters. Treffen kann man das Supermodel vergangener Zeiten im Naumburger Dom, der nicht nur, aber auch wegen Uta zum UNESCO-Weltkulturerbe ernannt wurde. Uta von Naumburg ist nur eine, aber mit Abstand die berühmteste der Stifterfiguren, die den Westchor des Doms schmücken.
Der Uta-Kult wird in Naumburg zelebriert. Alle zwei Jahre findet ein Uta-Treffen statt, bei dem Namensträgerinnen der schönsten Frau des Mittelalters, aber auch die der anderen elf Stifterfiguren nach Naumburg eingeladen sind. Für ein Wochenende kommen dann Utas, Ekkehards & Co. in die Stadt, um die prominenten Namensgeber im Original zu bewundern. Die lebensgroßen Figuren vom Meister des Naumburger Doms gehören zu den bedeutendsten plastischen Bildwerken der deutschen Gotik, erstmals in der mittelalterlichen Kunst wurden Personen so lebensecht dargestellt.

»Uta – Miss Mittelalter und Disney-Königin«

Wem die schöne Uta irgendwie bekannt vorkommt, dem sei auf die Sprünge geholfen: Uta sieht der Königin aus Disneys »Schneewittchen und die sieben Zwerge« verblüffend ähnlich. Man sagt, Walt Disney hätte sich bei seiner Europareise Anregungen bei der weltberühmten Dom-Figur geholt. Doch nicht nur die Figuren, auch seine Bauweise machen den Naumburger Dom St. Peter und St. Paul zum einzigartigen Zeugnis der Architektur und Kunst des 13. Jahrhunderts und brachten ihm einen Eintrag in die Welterbeliste ein. Der romanische Kern des Gebäudes mit zwei gotischen Chören und vier Glockentürmen zeigt den stilistischen Übergang von der Romanik zur Frühgotik wie kein anderes Bauwerk in Deutschland.
Doch nicht nur mittelalterliche Kunstfertigkeit kann man im Dom bewundern – nur wenige Schritte vom Westchor wird es modern: In der Elisabethkapelle sind Fenster des bekanntesten Vertreters der sogenannten Neuen Leipziger Schule, Neo Rauch, zu sehen. Das rubinrote Glas verleiht dem Raum eine ganz besondere Lichtstimmung, die wunderbar zum

↑ Friedrich Nietzsche verbrachte einen Großteil seines Lebens in Naumburg.
← Einzigartiges Zeugnis der Architektur und Kunst des 13. Jahrhunderts: UNESCO Weltkulturerbe Naumburger Dom mit seinem Kreuzgang

Tipp

MAX-KLINGER-HAUS IN GROSSJENA

Im Naumburger Ortsteil Großjena ließ sich der ruheliebende Bildhauer Max Klinger ein Landhaus ausbauen. Von April bis Oktober kann das Haus mit zahlreichen Bildern und Skizzen samt Weinberg und Grab besichtigt werden (mv-naumburg.de).

restlichen Dom-Interieur passt. Über den Kreuzgang gelangt man in ein riesiges romanisches Gewölbe, in dem der Domschatz aus dem 13. Jahrhundert ausgestellt ist. Neben den kostbaren Exponaten lohnt sich der Besuch allein schon der besonderen Atmosphäre des Gewölbes wegen.

Handelsstadt an der Via Regia

Naumburg wurde vor rund 1000 Jahren Bischofssitz und durch seine Lage an der Via Regia zur blühenden Handelsstadt. Die Naumburger Messen brachten viele Händler in die Stadt und sorgten für reges Treiben an der Saale. Auch heute noch ist der Marktplatz ein lebhafter Ort. Beim Marktbummel kann man sich problemlos ins Mittelalter versetzt fühlen: Das Renaissance-Rathaus, die Residenz, die spätgotische Kirche St. Wenzel und die Hohe Lilie, ein Wohnturm aus dem Mittelalter, in dem sich heute das Stadtmuseum befindet, liefern die perfekte Kulisse. Am Rand der Altstadt sind bis heute Mauerreste der mittelalterlichen Stadtbefestigung erhalten. Von den ehemals fünf Stadttoren steht allerdings nur noch das Marientor, in dem eine Ausstellung über die historischen Befestigungsanlagen untergebracht ist.
Wer ein Faible für nostalgische Fortbewegungsmittel hat, macht eine Fahrt mit der Straßenbahnlinie 4: Seit einigen Jahre verkehren auf knapp drei Kilometern zwischen Hauptbahnhof und Salztor historische Fahrzeuge und vermitteln eine geballte Ladung Straßenbahnromantik.
Neben Uta ist ein zweiter berühmter Name mit Naumburg verbunden: Friedrich Nietzsche. Doch Nietzsche war kein großer Fan der Stadt. Mit sechs Jahren zog er mit seiner Familie nach Naumburg und verbrachte einen Großteil seines Lebens hier, heimisch fühlte er sich jedoch nie – für den Philosophen war Naumburg von einem kleingeistigen Milieu geprägt. In den ehemaligen Wohnräumen der Familie in Nietzsches Wohnhaus erfährt man einiges über Leben, Werk und Wirkung des Philosophen. Im Dokumentationszentrum nebenan befassen sich Forscher kritisch mit seinem Werk.

↗ Von den ehemals fünf Stadttoren steht heute noch das Marientor.
← Gilt als die schönste Frau des Mittelalters: Uta, die als die mit Abstand berühmteste der Stifterfiguren den Westchor des Doms schmückt

Info

GEEIGNET
Als Tagesausflug oder Wochenendtrip

ROTKÄPPCHEN-MUMM SEKTKELLEREI FREYBURG
Mitten im Weinanbaugebiet Saale-Unstrut liegt die Rotkäppchen-Sektkellerei inkl. interaktiver Ausstellung. Mit der Regionalbahn geht's nach Freyburg und in 15 Min. zu Fuß zur Sektkellerei (rotkaeppchen.de/sektkellerei).

SPARTE – DEINE BAR
In der Salzstraße gibt es vielleicht die besten Cocktails der Stadt, und das in tollem Ambiente (spartedeinebar.com).

TAJ MAHAL
Indisches Essen mit Blick auf den Naumburger Dom wird im Taj Mahal serviert (tajmahal-naumburg.de).

GASTHOF ZUFRIEDENHEIT
Der Name ist Programm: Der Gasthof Zufriedenheit im Herzen der Stadt überzeugt mit gehobenem Standard (gasthof-zufriedenheit.de).

ANREISE
Mit dem Zug ist Naumburg an der Saale in 4 Std. von München, in 2.30 Std. von Berlin und in 4.30 Std. von Hamburg erreichbar.

Was genau ist eigentlich …?

Romanik, Gotik, Barock …

Den Kopf in den Nacken gelegt, die Details an den reich verzierten Fassaden im Blick – so gern wir prächtige Gebäude bewundern, ist es doch mit der architektonischen Bestimmung so eine Sache. Machen wir also einen kleinen Crash-Kurs in Sachen Baustilkunde.
Die romanische Architektur ist massiv. Zwischen 900–1240 zeugen dicke Mauern, kleine Fenster und schlichte Fassaden von der Wehrhaftigkeit der Burgen und Kirchen. Typisches Merkmal sind die Rundbögen, so wie etwa im Speyerer Dom. Zur Zeit der Gotik wird es heller und filigraner: Hohe, lichtdurchflutete Kathedralen mit feingliedrigen Details und Schmuckfreude und Spitzbögen, wie etwa das Freiburger Münster, sind in Mode. Etwa von 1235–1520 war die Gotik in Deutschland der maßgebliche Baustil.
An der klassischen Antike orientieren sich die Baumeister der Renaissance, die ab 1520 stilprägend ist. Typisch für die von Harmonie geprägten Gebäude sind Tempelelemente wie Säulen, große Kuppeln, Friese und Gesimse. Zu den bekanntesten deutschen Vertretern der Renaissance zählen die Fuggerhäuser in Augsburg.
Mit dem Barock hält im 17. und 18. Jahrhundert der Prunk Einzug in die Architektur. Eingerahmt von großen Parkanlagen stehen prachtvolle Barockschlösser für Reichtum und Macht. Marmor, Gold, reicher Skulpturenschmuck im Innenausbau und filigrane Stuckarbeiten sind typisch für die barocken Prachtbauten und Kirchen. Ein Beispiel ist das Neue Palais in Potsdam.

Die Vergangenheit als Vorbild

Auch im Klassizismus von etwa 1770–1840 ist die Antike Vorbild. Im Gegensatz zur barocken Verschwendungssucht setzt man nun jedoch auf klare Linien und auf eine strukturierte Gliederung, gern mit Säulen wie etwa beim Potsdamer Brandenburger Tor. Ab Mitte des 19. Jahrhunderts löst der Historismus den Klassizismus ab. Auch dieser orientiert sich an Baustilen vergangener Zeiten, und so gibt es Stilrichtungen wie Neoromanik, Neogotik, Neobarock usw. Durch die industrielle Revolution wird ein regelrechter Bauboom ausgelöst, Beispiel sind etwa das neugotische Nauener Tor in Potsdam und das neoromanische Schloss Neuschwanstein.
Um die Wende vom 19. zum 20 Jahrhundert wird der Jugendstil en vogue. Typisch sind florale Elemente an den Fassaden und dekorativ geschwungene Linien, wie sie z. B. die Gebäude auf der Mathildenhöhe in Darmstadt oder die Villen in Traben-Trarbach zeigen.
Mit Beginn des 20. Jahrhunderts verzweigt sich die Architektur in viele Strömungen. Das Bauhaus setzt mit schlichten Formen das Funktionale vor dekorative Aspekte. Dekonstruktivismus und Expressionismus stellen mit neuartigen Formen und Materialien das traditionelle Bauen auf den Kopf, so etwa Frank Gehry im Düsseldorfer Medienhafen.

architektur-welt.de/baustile

↑ Prachtvolle Schlösser wie das Neues Palais in Potsdam mit viel Marmor und Gold im Innenausbau sind typisch für den Barock.
← In der Gotik sind lichtdurchflutete Kathedralen mit feingliedrigen Details wie Spitzbögen und Skulpturen (hier: Freiburger Münster) in Mode.

33 Klassikerstadt Weimar

Perle der Kultur und Wiege der deutschen Demokratie

Um 1800 war Weimar der kulturelle Nabel Deutschlands. Die beiden größten Dichter ihrer Zeit prägen hier die Weimarer Klassik und damit die kulturelle Blüte Deutschlands.

Als Johann Wolfgang von Goethe und Friedrich Schiller hier ihre Heimat fanden, war Weimar Residenzstadt des Herzogtums Sachsen-Weimar und Anziehungspunkt der wichtigsten Dichter und Denker des späten 18. und frühen 19. Jahrhunderts. Johann Sebastian Bach prägte bereits von 1708–1717 den Ruf Weimars als Musikstadt.

Als Weimarer Klassik wird die Zeit bezeichnet, in der Christoph Martin Wieland und Johann Gottfried Herder zusammen mit Johann Wolfgang von Goethe und Friedrich Schiller in Weimar wirkten. Mit Goethes Italienreise 1786 beginnt die Hochphase der Epoche, die in der kreativen Beziehung zwischen Goethe und Schiller gipfelt und mit Schillers Tod 1805 endet. In Anlehnung an die Ideale der Aufklärung entstanden in dieser Zeit Werke, die von Weltoffenheit und humanistischem Streben zeugen. Das »Klassische Weimar« wurde in die Liste des UNESCO-Welterbes aufgenommen und der gesamte handschriftliche Nachlass Goethes zur »Memory of the World« erklärt.

Beim Sightseeing geht es, den größten Dichtern Deutschlands folgend, durch das klassische Weimar. Im Barockhaus am Frauenplan lebte Goethe fast 50 Jahre lang. Eingerichtet ist das Haus auffällig schlicht, was von Goethe so gewollt war, denn Bequemlichkeit war ihm zuwider. Statt auf einem Sofa saß der Dichter immer auf einem Holzstuhl, in dem

← Der Rokokosaal der Herzogin Anna Amalia Bibliothek in Weimar, die seit 1998 zum Weltkulturerbe der UNESCO gehört

Tipp

PARK AN DER ILM

Der Ilmpark ist ein wunderbarer Ort zum Innehalten. Goethe war an der Planung des Parks beteiligt und ließ ein römisches Haus errichten sowie sich selbst ein Gartenhaus umbauen, das heute noch besichtigt werden kann (klassik-stiftung.de/goethes-gartenhaus).

er am 22. März 1832 dann auch zum letzten Mal die Augen schloss. Zu besichtigen sind die Wohnräume des Dichters und seiner Frau Christiane, das Arbeitszimmer und die Bibliothek, die Empfangs- und Kunstsammlungsräume und der Garten des Hauses.
Auch das Haus Schillers in der heutigen Schillerstraße 12, das der Literat 1802 erwarb, gehört zum Kulturerbe der Stadt. Hier lebte er mit seiner Familie bis zu seinem frühen Tod drei Jahre später. Ab 1847 konnte das Haus als erste öffentlich zugängliche Memorialstätte eines Dichters in Deutschland besucht werden. An der Nordseite des historischen Wohnhauses von Friedrich Schiller befindet sich das Schiller-Museum mit drei großen Ausstellungsräumen.
Am Theaterplatz steht seit 1857 vor dem Nationaltheater das Wahrzeichen Weimars: das Goethe-Schiller-Denkmal. Im Nationaltheater inszenierte Schiller seine Stücke, Goethe war für einige Jahre Theaterdirektor. Hier fand 1919 auch die erste Nationalversammlung statt, aus der die Weimarer Verfassung entstand und in der Folge die Weimarer Republik resultierte, die die Monarchie ablöste – der Grundstein für die Demokratie in Deutschland.
Ohne die Herzogin Anna Amalia wäre die kulturelle Blütezeit in Weimar nicht denkbar. Die Bibliothek östlich der Altstadt am Ilmpark umfasst mehr als eine Million Medien. Bei einem verheerenden Brand 2004 wurden zahlreiche der historischen Werke zerstört; nach der Restaurierung ist das Gebäude nun

»Ohne Weimar ist die Geschichte der deutschen Kultur nicht denkbar.«

Roman Herzog

wieder im vollen Glanz zu bewundern. In den berühmten Rokokosaal dürfen allerdings nur 50 Besucher pro Tag.

Lustwandeln an der Ilm

Noch ein Stückchen weiter liegt Schloss Belvedere – vom Zentrum spaziert man durch den Ilmpark und entlang der Ilm bis zum Belvedere (alternativ fährt auch ein Bus bis zum Park). Im 18. Jahrhundert nutzte die Familie von Sachsen-Weimar und Eisenach die Schlösser, Parks und die Orangerie als Sommerresidenz. Im Park Belvedere, der frei zugänglich ist, bewundert man die herrliche Pracht der Lustschlösser: symmetrische Blumenbeete, Pavillons, Fontänen und Statuen. Im Hauptgebäude ist Kunsthandwerk des 18. Jahrhunderts wie die Porzellan-Sammlung des Weimarer Herzogshauses zu sehen.

Dass Weimar eine Kulturstadt ist, zeigt sich auch in der Kunst und Architektur. 1919 wurde von Walter Gropius die bedeutendste Kunstschule des 20. Jahrhunderts begründet, deren Zusammenführung von Kunst und Handwerk revolutionär war. Das von Henry van de Velde errichtete Hauptgebäude der Bauhaus-Universität mit dem berühmten Treppenhaus ist eine Ikone der Architektur. Auch das hiesige Bauhaus gehört, zusammen mit dem Bauhaus in Dessau, zum Weltkulturerbe. Die Schätze der ältesten Bauhaus-Sammlung gibt es im Bauhaus Museum zu sehen.

↑ Auffällig schlicht: Goethes Arbeitszimmer in seinem Wohnhaus in Weimar
↙ Im Park des Schlosses Belvedere, der frei zugänglich ist, bewundert man die herrliche Pracht von Pavillons, Fontänen und Statuen.

Info

GEEIGNET
Als Tagesausflug, z. B. in Verbindung mit Naumburg an der Saale oder Eisenach

WEIMARHAUS
Mit allen Sinnen geht es im Weimarhaus auf die Spuren der Geschichte der Stadt (weimarhaus.de).

KÖSTRITZER SPIEGELZELT
Musik, Theater und Kabarett erlebt man im Köstritzer Spiegelzelt (koestritzer-spiegelzelt.de).

GEDENKSTÄTTE BUCHENWALD
Vor den Toren Weimars befand sich das Konzentrationslager Buchenwald, eines der größten in Deutschland. Mit der Buslinie 6 ist die Mahnmalanlage in 20 Minuten vom Hauptbahnhof aus zu erreichen (buchenwald.de).

SCHARFE ECKE WEIMAR
Die besten Thüringer Klöße gibt es in der Scharfen Ecke im Stadtzentrum von Weimar (Eisfeld 2, Reservierung unter Tel. 03643/20 24 30).

DORINT AM GOETHEPARK
Das Dorint am Goethepark bietet historisches Ambiente und liegt zentral und fußläufig zu den meisten Sehenswürdigkeiten (hotel-weimar.dorint.com/de).

ANREISE
Mit der Bahn geht es über Erfurt nach Weimar – von Berlin in rund 2 Std., von München in 3 Std. und von Hamburg in 4 Std.

34 Industriekultur und Weltkunst in Essen

Im Wandel der Zeiten

Es gibt Städte, die ziehen ganz automatisch Besucher an, locken mit Charme und Flair. Und dann gibt es Städte, die brauchen gute Argumente, um auf die Bucketlist für einen Wochenendtrip zu kommen.

Sagen wir es geraderaus: Essen ist eine Stadt, die wohl eher in die zweite Kategorie gehört. Da fängt es schon beim Googeln an: Wer nach Tipps für Essen sucht, landet bei Rezepten und Ernährungsratgebern. Doch sicher ist auch: Essen hat mindestens zwei sehr gute Gründe für einen Besuch – die Zeche Zollverein und das Museum Folkwang. Klare Linien, viel Glas und große Räume. Beim Betreten des Museums Folkwang ist gleich klar, dass es hier modern wird. Das Museum in Essen gehört zu den wichtigsten Museen für moderne Kunst in Deutschland. Die Geschichte des Hauses geht zurück ins Jahr 1902 und in die Stadt Hagen. Nach dem Tod des Gründers kam die Sammlung 1922 schließlich von dort nach Essen und erlangte rasch große Bekanntheit. 1937 beschlagnahmten die Nationalsozialisten mehr als 1400 als »entartet« deklarierte Exponate, und Bomben zerstörten im Zweiten Weltkrieg das Gebäude dann komplett. Heute ist das Museum im 2010 errichteten Neubau des Star-Architekten David Chipperfield untergebracht und beherbergt eine international bedeutende Sammlung deutscher und französischer Malerei und Skulpturen des 19. Jahrhunderts, Werke der Klassischen Moderne, Kunst nach 1945, Fotografie und eine Plakat-Sammlung.

Der Eiffelturm des Ruhrpotts

Der Förderturm ist das Erste, was man zu sehen bekommt. Der Industriekomplex Zeche und Kokerei Zollverein ist nicht einfach eine ehemalige Steinkohlenzeche, er ist eines der schönsten Industriedenkmäler der Welt und seit 2001 UNESCO-Welterbe. In seiner aktiven Industriezeit war er die größte Steinkohlenzeche weltweit. Die Anfahrt ist simpel: Man steigt am Bahnhof in die Tram 107 und

→ Der Industriekomplex Zeche und Kokerei Zollverein mit seinem berühmten Förderturm ist eines der schönsten Industriedenkmäler der Welt.

Zollverein

Tipp

LICHTBURG

Das nostalgische Kino aus den 1950er-Jahren wartet mit tollem Vintage-Ambiente und modernster Technik auf. Hier ist der perfekte Ort für einen romantischen Abend zu zweit oder zur Entspannung nach einem anstrengenden Museumstag (filmspiegel-essen.de).

am Zollverein wieder aus. Ein paar wenige Schritte, und schon sieht man die Lettern »Zollverein« auf dem markanten Doppelbock-Förderturm von Schacht 12, dem Wahrzeichen des Ruhrgebiets. Auf langen Rolltreppen geht es nach oben, dabei gibt es einen ersten Überblick über riesige Gelände.
Ein eindrucksvoll inszeniertes oranges Treppenhaus verbindet die unterschiedlichen Ausstellungsebenen in den Räumen des Ruhrmuseums, in denen die Natur- und Kulturgeschichte der Region präsentiert wird: von der Entstehung der Kohle vor über 300 Millionen Jahren bis zum heutigen Wandel zur Metropole Ruhr. Dabei spaziert man vorbei an mächtigen Maschinen, an rauem Beton und Förderbändern, und es geht immer weiter nach unten. Mit Licht eindrucksvoll in Szene gesetzte Artefakte unserer Vorfahren, ein Mammut-Skelett, Einblicke in die Arbeitswelt der Zeche oder das auf Knopfdruck aktivierbare Ruhrpott-Dufterlebnis – das Ruhrmuseum vermittelt einen umfassenden Einblick in die Geschichte dieser Region, und das als Rundumerlebnis. Neben den wechselnden Sonderausstellungen lohnt der Weg nach oben zum Panorama, wo man beim 360°-Blick über das Gelände noch einmal einen Eindruck von der schieren Größe des Areals bekommt. Über das restliche Gelände geht es entweder entlang des Denkmalpfads Zollverein oder am besten im Rahmen einer Führung. Erfahrene Guides zeigen den Besuchern den Weg der Kohle auf. An den Orten, wo früher 12 000 Tonnen Kohle zu Koks veredelt wurden, erfährt man heute alles über die Arbeit und das Leben der Kumpel und Koker, von technischen Details bis zu den Gefahren beim Pro-

»Der Kohlenpott hat sich gewandelt: Statt Grau in Grau gibt es viel Buntes zu entdecken.«

↗ Im Rahmen einer Führung kann man die ehemalige Zeche genauer unter die Lupe nehmen.
← Klare Linien, viel Glas: Das Museum Folkwang in Essen gehört zu den wichtigsten Museen für moderne Kunst in Deutschland.

zess und dem Leben in der Zechensiedlung. Das Gelände hält noch so einige Highlights bereit, vom Designmuseum Red Dot Museum im ehemaligen Kesselhaus über Hotels, Cafés, Restaurants und Geschäfte bis hin zum Werkschwimmbad gibt es so vieles zu entdecken, dass man allein hier ein ganzes Wochenende verbringen könnte.

Zurück in der Stadt verzaubert abends das GOP Varieté-Theater mit fantasievollen Vorstellungen im renovierten Kinosaal von 1956. Bei artistischen Darstellungen kann man für die Dauer einer Aufführung dem Alltag komplett entfliehen und in die magische Welt des Varietés abtauchen (variete.de/essen).

Info

GEEIGNET

Als Tagesausflug oder mit Übernachtung

ZODIAC

In Essen-Süd, unweit des Folkwang Museums, befindet sich das vegetarische Restaurant Zodiac. Hier gibt es vegetarische und vegane Pizzen, wahlweise auch mit Vollkornteig, Salate und Leckereien aus aller Welt (restaurant-zodiac.de).

HOTEL NIU COBBLES

Das günstige und stylische Hotel ist perfekt gelegen für alle, die das Museum Folkwang besuchen möchten – es ist in 10 Minuten zu Fuß vom Museum aus erreichbar. Die Zimmer sind modern und mit Bezug zur Zeche eingerichtet, an der Bar gibt es Pizza, Snacks und Getränke im kleinen Hotelshop (the.niu.de/hotels/deutschland/essen).

ANREISE

Mit der Bahn von Köln in gut 1 Std., von Berlin in 4 Std., von Hamburg in 3.30 Std. und von München in 5.30 Std. zu erreichen

35 Kunst und Wissenschaft – Darmstadt

Zentrum des Jugendstils

Wie wollen wir leben? Wie sieht ästhetische Architektur aus? Was brauchen wir, damit wir uns wohlfühlen? In der Künstlerkolonie Mathildenhöhe widmeten sich Künstler dieser Frage.

Schnittpunkt zur Moderne: Zwischen 1899 und 1914 entstand auf der Darmstädter Mathildenhöhe ein architektonisches Gesamtensemble, das visionär war. Das zeigte bereits die erste moderne Architekturausstellung im Jahr 1901, die in Häusern stattfand, die mal mit funkelnder Jugendstil-Ornamentik glänzten und mal mit reduzierten Fassaden begeisterten. Alles, was sich in den komplett eingerichteten Häusern befand, von Möbeln zu Besteck und Geschirr über Schmuck bis hin zu Musikinstrumenten, konnte während der Ausstellung käuflich erworben werden. Danach wurden die Häuser nicht, wie sonst bei Ausstellungen üblich, wieder abgebaut, sondern blieben erhalten.

Nirgendwo sonst lässt sich der architektonische Wandel vom 19. ins 20. Jahrhundert so gut nachvollziehen wie auf der Mathildenhöhe. Der Weg in die Moderne war der Weg von floral zu sachlich, von opulent zu praktisch. Die Kunstschaffenden legten hier den Grundstein für all das, was das Bauhaus später in Sachen Architektur und Design perfektionieren sollte. Diese Leistung wurde im Jahr 2021 gewürdigt: Die Mathildenhöhe gehört als außerordentlicher Kulturort nun zum UNESCO Welterbe. Das Wahrzeichen ist der 1908 fertiggestellte Hochzeitsturm, das Hochzeitsgeschenk der Stadt an den Großherzog Ernst Ludwig mit Prinzessin Eleonore von Solms-Hohensolms-Lich, der die Künstlerkolonie als Kulturstätte ins Leben gerufen hatte. Wer über den Musenhügel spaziert, wandelt durch eine idealistische Parallelwelt der vorletzten Jahrhundertwende. Das avantgardistische Flair von damals spürt man auch heute noch. Das Ausstellungsgebäude, die russische Kapelle mit ihren glänzenden goldenen Dächern und dem Lilienbecken, das Museum Künstlerkolonie mit Werken der 23 Künstler, die hier wirkten, und die sieben Künstlerhäuser komplettieren das architektonische Ensemble.

↑ Der Trausaal mit goldener Kassettendecke im Hochzeitsturm auf der Mathildenhöhe
← Die Russische Kapelle (hier bei Nacht) ist mit ihren glänzenden goldenen Dächern und dem Lilienbecken besonders prachtvoll.

»Mein Hessenland blühe und in ihm die Kunst!«

Großherzog Ernst Ludwig von Hessen, 1899

Stadt der Architekturikonen

Eine weitere architektonische Besonderheit in Darmstadt kündigt sich mit ihrem Funkeln durch die Bäume an: Es ist die goldene Kuppel der sogenannten Waldspirale. Die von Friedrich Hundertwasser gestaltete Wohnanlage mit über 1000 unregelmäßigen Fenstern und markanten Zwiebeltürmen ist frei zugänglich. Wer hier umherwandelt, fühlt sich wie in einer Realität gewordenen Kinderzeichnung. Es gibt farbenfrohe Fassaden und weder gerade Linien noch Ecken, stattdessen fantasievolle Formen. Das Dach der spiralförmigen Anlage ist durchgehend begrünt und bedeckt 105 Wohnungen. Im Innenhof gibt es sogar einen Garten mit Fluss.

Darmstadt steht auf drei Säulen: Die erste ist die Kultur mit der Künstlerkolonie Mathildenhöhe, dem Staatstheater, dem Hessischen Landesmuseum, der Kunsthalle und weiteren Veranstaltungsorten. Die zweite Säule ist die Wissenschaft mit der Technischen Universität, zwei Fachhochschulen, dem Wissenschaftszentrum darmstadtium und Wissenschafts- und Forschungseinrichtungen wie der ESOC, dem Kontrollzentrum der europäischen Weltraumorganisation ESA. Die dritte Säule bilden die zahlreichen Grünflächen, die Darmstadt zu einer lebenswerten Stadt machen.

Der Herrengarten wurde vom ursprünglichen Nutzgarten im 17. Jahrhundert zum barocken Lustgarten und im 18. Jahrhundert zum Landschaftspark im englischen Stil umgestaltet. Direkt daran angrenzend befindet sich der Prinz-Georg-Garten im Stil des Rokokos. Der Park Rosenhöhe verliert sich in weite Felder und Wälder, die Orangerie im Stadtteil Bessungen zeigt sich ganz im barocken Gewand, der Botanische Garten präsentiert die Vielfalt der Flora – und das sind nur einige der grünen Lungen, die Darmstadt zum Durchatmen zu bieten hat.

Im Zweiten Weltkrieg wurde Darmstadt schwer getroffen: Rund 90 Prozent der Innenstadt sowie die komplette Altstadt wurden zerstört. Mittelpunkt ist aber heute noch der Marktplatz mit seinen Cafés und Restaurants. Hier befindet sich das Alte Rathaus mit dem Darmstädter Ratskeller, wo man im Biergarten ein frisch gebrautes Helles genießen kann, und auch das Darmstädter Schloss mit Schlossmuseum und Einrichtungen der TU kann besichtigt werden.

Tipp

HINKELSTURM

Der ehemalige Wehrturm der Darmstädter Stadtmauer ist eines der wenigen erhalten gebliebenen historischen Ensembles der Stadt. Der Turm beherbergt ein Museum, das auf drei Etagen das Leben in der Darmstädter Altstadt dokumentiert (heimatverein-darmstadtia.de).

↗ Wahrzeichen der Mathildenhöhe: der 1908 fertiggestellte Hochzeitsturm (links)
← Zu den Besonderheiten des Parks Rosenhöhe gehört auch ein Rosarium mit Rosendom auf der Kuppe des Hügels im Osten Darmstadts.

Info

GEEIGNET
Als Tagesausflug oder für ein Wochenende

HESSISCHES LANDESMUSEUM DARMSTADT
Das Museum für Natur-, Kunst- und Kulturgeschichte ist eines der wenigen Universalmuseen und eines der ältesten öffentlichen Museen weltweit (hlmd.de).

JUGENDSTILBAD
Das Jugendstilbad am Hinkelsturm ist wegen seiner Spa- und Wellnesseinrichtung beliebt (jugendstilbad.de).

CAFÉ CHAOS
Neben dem Jugendstilbad befindet sich das Café mit nostalgischer Automatensammlung.

CENTRALSTATION
Das erste Darmstädter Elektrizitätswerk ist ein beliebter Konzert- und Veranstaltungsort (centralstation-darmstadt.de).

MATHILDENHÖHE – DAS HOTEL
Das Designhotel an der Künstlerkolonie bietet schicke Zimmer (mathildenhoehe-hotel.de).

ANREISE
Darmstadt ist von Berlin, Hamburg und München aus jeweils in ca. 4.30 Std. mit dem Zug zu erreichen. Frankfurt am Main liegt nur 15 Bahnminuten entfernt.

36 Nibelungenstadt Worms

Wo Heldengeschichten wahr werden

Siegfried, Kriemhild und der sagenumwobene Schatz: Worms ist die Stadt der Nibelungen. Die meisten Szenen des um 1200 von einem unbekannten Dichter verfassten Epos rund um Liebe, Hass und Eifersucht spielen in und um Worms. Gehen wir auf Spurensuche!

»Uns ist in alten mæren wunders vil geseit, von helden lobebæren, von grôzer arebeit«, so beginnt das bekannteste deutsche Epos, das Nibelungenlied. Auf dem Thron im Hörturm des Nibelungenmuseums sitzend, lässt sich beim Zuhören ein Grinsen nicht unterdrücken, klingt die mittelhochdeutsche Sprache für unsere modernen Ohren doch recht ungewöhnlich. Die 39 Aventüren des Nibelungenlieds handeln vom Helden Siegfried, der einen Drachen besiegt und das Herz der Burgunderprinzessin Kriemhild am Wormser Hof erobert, und von Gunther und der schönen Brünhild aus Island und dem grimmigen Hagen von Tronje. Es geht um Liebe, Intrigen, Mord und Täuschungen – die ganz großen Themen der Menschen.

Das Nibelungenmuseum ist in zwei historischen Türmen der Stadtmauer aus der Stauferzeit integriert. Statt sich ein Exponat nach dem anderen in Glasvitrinen anzusehen und Texte zu lesen, ist der Museumsbesuch wie ein begehbares Hörbuch aufgebaut. Vom Sehturm, der sich den Ursprüngen und der Rezeption des Nibelungenmythos nähert, geht es in den Hörturm, ins multimediale Mythenlabor und

← Brückenturm der Nibelungen-Rheinbrücke: Hier im Fluss soll Hagen einst den sagenumwobenen Schatz der Nibelungen versenkt haben.

Tipp

MUSEUM ANDREASSTIFT

Worms ist eine geschichtsträchtige Stadt – das zeigt das Städtische Museum Andreasstift in den Räumlichkeiten des historischen romanischen St.-Andreas-Stifts in aller Deutlichkeit. Steinzeitliche und römische Funde, Exponate aus dem Mittelalter und im Lutherzimmer die Quellen über Luthers Auftritt während des Wormser Reichstags 1521 nehmen Besucher mit auf eine eindrucksvolle Zeitreise durch die Jahrhunderte einer besonderen Stadt (museum-andreasstift.de).

KAISER PASSAGE

WORMSER
KON KOR DAT
1122

in den Wehrgang. Vom Nibelungenlied kennt man 33 unterschiedliche Abschriften, die bekanntesten sind die Handschriften A, B und C. Der Autor der Abschrift C muss Worms gut gekannt haben, denn die Stadt wird 30-mal erwähnt. Siegfrieds Einzug in Worms, der Streit der Königinnen vor dem Dom und die Versenkung des berüchtigten Nibelungenschatzes durch Hagen im Rhein sind nur einige der Szenen, die in Worms spielen. Doch was man dabei stets im Hinterkopf behalten muss: Auch wenn einige der Personen und Orte historisch belegbar sind – das Nibelungenlied ist eine poetische Kunstgattung, ein Mythos, der auf eine uralte Legende zurückgeht und nicht auf historischen Ereignissen beruht. Das Burgunderreich, so ist es überliefert, soll sich zwischen 413 und 435 um Worms erstreckt haben. Heute erinnern verschiedene Schauplätze wie der Nibelungenturm, Drachenfiguren sowie die jährlich stattfindenden Nibelungenfestspiele an die enge Bindung der Stadt Worms zu diesem Heldenepos. Hagen-Bräu, Kriemhildenstraße – Worms hat sich dem Nibelungenstoff bereitwillig angenommen.

> »Hier hat die Geschichte ein Ende: das ist der Nibelungen Lied.«
>
> *Ende des ›Nibelungenlieds‹*

↖ Moderne Lindwurm-Figur in Blau in der Innenstadt von Worms
← In Erinnerung an prägende Ereignisse: Glasmalereien im Wormser Dom
← Das Hagendenkmal am Rhein wurde Anfang des 20. Jahrhunderts errichtet.

Auf Siegfrieds und Luthers Spuren

Wenn man sich auf die Spuren der Nibelungen begeben möchte, ist der Siegfriedbrunnen ein guter Startpunkt. Triumphierend setzt der Held seinen Fuß auf den Drachen und trotzt allem Übel, auch den Bomben des Zweiten Weltkriegs. Weiter geht es zum Heylsschlösschen am Schlossplatz – wo Karl der Große eine Pfalz errichten ließ und später das Bischofspalais stand, könnte sich der Hof der Burgunder befunden haben. Der nächste Schauplatz ist der Dom. Hier vor dem Nordportal, direkt neben dem Heylsschlösschen, sollen die Königinnen Brünhild und Kriemhild ihren Streit ausgetragen haben. Auch der Siegfriedstein steht am Dom; diesen Felsbrocken auf der Westseite soll Siegfried einst über den Dom geschleudert haben. Der Forschung nach war der Stein wohl eher Teil eines alten Baumkelters, der zum Keltern von Weintrauben genutzt wurde.

Der Dom dient jedes Jahr als Kulisse für die Nibelungenfestspiele. Seit seiner Wiederbegründung im Jahr 2002 lockt die Freilichtbühne Theaterfreunde aus Nah und Fern. In der Vergangenheit war der Dom, genauer gesagt der benachbarte Heylsgarten, wo sich der Bischofshof befand, ein prominenter Schauplatz anderer Art: Auf dem Reichstag zu Worms 1521 weigerte sich Martin Luther, seine Schriften zu widerrufen; das Wormser Lutherdenk-

Tipp

NIBELUNGENFESTSPIELE

Vor der beeindruckenden Kulisse des Wormser Kaiserdoms trifft sich jedes Jahr die Creme de la Creme der Theaterwelt. Die Wormser Nibelungen-Festspiele zählen zu den renommiertesten Open-Air-Theaterfestivals in Deutschland und erzählen die mittelalterliche Nibelungensage aus immer neuen Perspektiven (nibelungenfestspiele.de).

»Wo Königinnen stritten, Kirchengeschichte geschrieben wurde und Klein-Jerusalem lag«

mal erinnert an diese Entscheidung, die das Christentum nachhaltig beeinflussen sollte. Auf den Spuren der Nibelungen geht es dann zum Rheinufer und zum Hagenstandbild, das Anfang des 20. Jahrhunderts errichtet wurde. Hier soll Hagen den sagenumwobenen Schatz der Nibelungen in den Fluten des Rheins versenkt haben – Gold ist bis heute aber noch keines wieder aufgetaucht.

So sehr das Nibelungenepos die Stadt um den Finger gewickelt haben mag, bietet Worms doch noch viel mehr Schätze für seine Besucher. Durch die fruchtbare und auch verkehrsgünstige Lage am Rhein wurde Worms bereits vor 7000 Jahren besiedelt. Die Kelten gaben der Stadt den Namen Borbetomagus, die Römer errichteten ein Kastell, und auch die Alemannen und Franken hinterließen ihre Spuren. Im Mittelalter war Worms Ort von Reichstagen und Gründungsmitglied des Rheinischen Städtebunds. Ab 1500 war Worms lutherische Reichsstadt. Das Schlimmste stand der Stadt noch bevor: Im Jahr

1689 wurde Worms von den Franzosen fast vollständig zerstört.

Worms als Klein-Jerusalem

Als eine der SchUM-Städte, zusammen mit Speyer und Mainz, spielte Worms eine bedeutende Rolle im Judentum. Die Jüdische Gemeinde Worms (hebräisch Warmaisa) ist eine der ältesten jüdischen Gemeinden im deutschsprachigen Raum, sie bestand zwischen der Zeit um 1000 und den verheerenden Jahren der NS-Herrschaft fast durchgehend. Trotz all der Zerstörungen, die in der NS-Zeit gipfelten, gibt es kaum eine europäische Stadt, in der so viele bedeutende bauliche Zeugnissen jüdischer Geschichte und Tradition bestaunt werden können wie in Worms.

Der jüdische Friedhof Heiliger Sand ist der älteste seiner Art in Europa. Tausende Grabsteine stehen hier zwischen wilden Blumen und Sträuchern; der älteste stammt aus dem Jahr 1076, und beim Durchschreiten des Friedhofs fühlt man sich in eine ferne Vergangenheit zurückversetzt. Die Trauerhalle wurde im Jugendstil errichtet. Neben dem Friedhof ist die jüdische Tradition heute noch im jüdischen Viertel mit Synagoge, dem Ritualbad und im Jüdischen Museum im Raschi-Haus erlebbar. Möchte man noch mehr über das jüdische Worms erfahren, ist die SchUM-App eine gute Hilfe.

↑ Der jüdische Friedhof Heiliger Sand in Worms ist der älteste seiner Art in Europa.
↙ Vor dem Nordportal des Wormser Doms sollen die Königinnen Brünhild und Kriemhild ihren Streit ausgetragen haben.

Info

GEEIGNET
Als Wochenendtrip

HEYLSHOF
Das Museum Kunsthaus Heylshof zeigt in erster Linie deutsche, französische und niederländische Malerei, Keramiken und Porzellan (heylshof.de).

WORMSER VINOTHEK
Die Wormser Vinothek (wormser-vinothek.de) verkauft ausschließlich Weine von Wormser Winzern, hier kann man sich mit edlen Tropfen eindecken. Wie wäre es mit einer Weinprobe?

MYTHOLOGIA
Griechisches Restaurant mit Feta aus dem Ofen, Mousaka, Burgern und Fleisch vom Grill (mythologia-worms.de)

NIBELUNGEN APARTMENTS
Das Apartment-Hotel mit modernen Zimmern liegt direkt an der alten Stadtmauer und bietet Übernachtungen u. a. im Kriemhild-, Brünhild- oder Alberich-Apartment (nibelungen-apartments.de).

ANREISE
Mit der Bahn fährt man von München in 3.30 Std., von Berlin und Hamburg in 5 Std. nach Worms.

37 Herrschaftliches Ansbach

Residenzstadt mit Wow-Momenten

Herrschaftlich – es ist das einzig passende Wort, was einem beim Besuch der Prunkräume in der Ansbacher Residenz einfällt. Hier kommt man aus dem Staunen nicht heraus.

Die Markgräfliche Residenz im fränkischen Ansbach sieht von außen recht schlicht aus. Das ändert sich jedoch, sobald man das Innere betritt. Im Rahmen einer Führung geht es in einer knappen Stunde in 27 der insgesamt mehr als 400 Räume. Bei diesem Rundgang durchleben die Besucher eine Zeitreise, denn die Räume wandeln sich in der Einrichtung von Barock zu Rokoko bis zum Klassizismus. Neben dem imposanten doppelgeschossigen Festsaal sind die Vor- und Audienzzimmer von Markgraf und Markgräfin zu sehen – hier wurden im französischen Stil die Audienzen im Bett abgehalten. Was heute kurios erscheint, war damals absolut en vogue. Die Betten waren allerdings reine Schaubetten, in denen nie jemand geschlafen hat. Auch ein Blick hinter die Kulissen ist möglich: In den Gängen hinter der prunkvollen Fassade waren die Bediensteten unterwegs.

Bis ins 18. Jahrhundert hinein war die Residenz Regierungssitz der Markgrafen zu Brandenburg-Ansbach. Mit der Errichtung einer Wasserburg um 1400 wurde der Grundstein gelegt, doch prägend für das heutige Erscheinungsbild war die letzte große Bauphase der Residenz im 18. Jahrhundert. Als der letzte Markgraf von Brandenburg-Ansbach 1791 die Residenz an das Königreich Preußen übergab, endete die Markgrafenära, und das Gebäude verlor seine Funktion. Da es keine Notwenigkeit zur Moderni-

Tipp

STOERTEBECKER

Wer am Abend Kontrastprogramm zum herrschaftlichen Ambiente sucht, ist im Café Stoertebecker oder auch in Stoertebeckers Waschsalon richtig. Das Stoertebecker ist eine Kneipe, doch noch so viel mehr: Waschsalon, Café, Flohmarkt, Bühne, Treffpunkt. Kurios und kultig (stoertebeker-waschsalon.de)!

→ Die St.-Johannis-Kirche am Martin-Luther-Platz in Ansbach stammt aus dem 15. Jahrhundert (im Vordergrund das Bachdenkmal).

Johann Sebastian Bach.

»Ansbachs Prunk ist das markgräfliche Erbe der Hohenzollern.«

sierung mehr gab, können wir noch heute die originale Pracht der Innenräume bestaunen. Der Hofgarten und die Orangerie erstrahlen im Stil des französischen Barocks. Die großzügige Orangerie bildet den Mittelpunkt der Gartenanlage, und beim Durchschlendern entfaltet sich vor dem inneren Auge des Besuchers ganz von selbst ein Bild illustrer Gesellschaften.
Für eine Erkundungstour durch Ansbach lohnt sich der Audio-Guide, den man sich bei der Tourist-Info ausleihen kann. Von der Residenz geht es durch Hofgarten und die Orangerie in die Altstadt. Dabei gibt es viel Wissenswertes über die Synagoge, die Katakomben in der Kirche und den berühmtesten Sohn Ansbachs, Kaspar Hauser, zu hören. Der eine oder andere Blick in die hübschen Innenhöfe der verwinkelten Altstadt bringt kleine Juwelen ans Licht, etwa den vielleicht schönsten Innenhof der Stadt, den Behringershof neben der St.-Gumbertus-Kirche. Unter der ehemaligen Hof- und Stiftskirche der Markgrafen-Kirche wiederum ist die Krypta der Vorgängerkirche erhalten, die um das Jahr 1040 entstand. Hier befindet sich die Grablege der Markgrafen mit 25 Sarkophagen.
Eine so hübsche Stadt wie Ansbach ist zu jeder Jahreszeit sehenswert, doch gerade in der Adventszeit, wenn in der Altstadt der Weihnachtsmarkt aufgebaut ist, wirkt das Residenzstädtchen besonders gemütlich und herausgeputzt. Beim Schlendern über den Markt mit der großen Pyramide, den kleinen Ständen mit Glühwein, Bratwurst oder Lammfellsohlen zeigt sich Ansbach von seiner schönsten Seite.

Der Fall Kaspar Hauser

Ein weiterer kultureller Höhepunkt in Ansbach ist das Markgrafenmuseum. Es befindet sich in einem historischen Gebäudekomplex, der zwischen dem 14. und dem 18. Jahrhundert entstand. Das Erdgeschoss ist Kaspar Hauser gewidmet, dem rätselhaften Findlingskind, das kaum sprechen konnte. Er tauchte am 26. Mai 1828 als Jugendlicher in Nürnberg auf und erklärte, er sei isoliert in einem dunklen Raum aufgewachsen. Nur zwei Jahre nach seiner Ankunft in Ansbach wurde er von einem Unbekannten niedergestochen und erlag wenige Tage später seinen Verletzungen. Zahlreiche Mythen und Rätsel ranken sich um seine Herkunft und den Mord. War er wirklich ein Erbprinz oder doch nur ein Hochstapler? Die Ausstellung versucht das Leben des sagenumwobenen Kaspar Hausers nachzuzeichnen.

↗ Die Orangerie ist der Mittelpunkt der Gartenanlage des Markgräflichen Schlosses.
← Das höfische Treiben der alljährlichen Rokoko-Festspiele findet vor der imposanten Kulisse der Orangerie im Hofgarten der Residenz statt.

In den Obergeschossen dreht sich alles um die Blütezeit der Stadt, die Markgrafenzeit. Vom Dreißigjährigen Krieg über den Spanischen Erbfolgekrieg bis zum Ende der Markgrafenherrschaft in Ansbach kann während eines chronologischen Rundgangs diese Epoche nacherlebt werden.

Info

GEEIGNET
Als Wochenendtrip

CAFÉ KARL
Das kreative Café wird von der Lebenshilfe betrieben, und man sitzt so bei Sandwich und Limo auch mal in einer Schubkarre (facebook.com/CafeKarlAnsbach).

KASPAR HAUSER
Das Restaurant Kaspar Hauser bietet eine große Auswahl an veganen und vegetarischen sowie Fleisch- und Fischgerichten an (restaurant-kaspar-hauser.de).

HOTEL BÜRGER-PALAIS
Im Hotel Bürger-Palais samt Cafés und Restaurant fühlt man sich unter Kronleuchtern und mit goldenen Badarmaturen fast wie in der Residenz (buerger-palais-ansbach.de).

ANREISE
Mit der Bahn von Berlin und Hamburg in 5 Std. und von München in 2 Std. zu erreichen

Herbstzeit im Branitzer Park: Das spätbarocke Schloss, einst ein Herrenhaus, ließ Fürst Pückler ab 1846 umfangreich umbauen (s. ab S. 77).

Register

Bildnachweis

Bildnachweis: Alle Bilder im Innenteil und auf dem Umschlag stammen von der Autorin. Außer: Seite 7 oben: Annika Busch; Seiten 11 und 23: Maxi Busch. Autorenfoto S. 154 und im Buchumschlag: Regine Jaskolka.
Look: S. 4, 34, 42 (Jalag / Spörl, Lukas); S. 5 li., 44, 184 (Stankiewicz, Thomas); S. 5 re., 30 (Leue, Holger); S. 6 li., 64, 82, 96, 99o., 106/107, 128, 172, 175, 180 (Wohner, Heinz); S. 7 li., S. 8, 20, 21, 119 (Böttcher, Ulf); S. 7 re., 22, 29, 52, 56, 99u., 129, 130, 158, 160, 163 (Bayerl, Günther); S. 12/13 (Frei, Franz Marc); S. 15, 16, 17, 125u. (Jalag / Hänel, Gerald); S. 24 (Johaentges, Karl); S. 26, 38u. re., 41, 68 (Bäck, Christian); S. 27 (Jalag / Schwering, Günther); S. 31, 155 (Maeritz, Kay); S. 48, 49 (Jalag / Langlotz, Tim); S. 55, 134 (Strauß, Andreas); S. 58, 61, 104 (Jalag / Schmitz, Walter); S. 62/63, 138 (Daniel Schoenen Fotografie); S. 65 (Jalag / Kriwy, Natalie); S. 66, 81 (Kriwy, Natalie); S. 67, 121 (Thoermer, Val); S. 71, 146 (Derbis, Dave); S. 84, 85 (Lubenow, Sabine); S. 86 (travelstock44); S. 89o. (Bias, Helge); S. 89u. (Cavan Images); S. 93, 95, 131, 162, 178u. re. (Merz, Brigitte); S. 100 (Runck, Robin); S. 110 (Pollex, Sylvia); S. 111 (Rötting, Thomas); S. 112, 181 (Jalag / Bossemeyer, Klaus); S. 120, 122, 144 (age fotostock); S. 125o. (Jaeger, Katharina); S. 137 (olafprotze); S. 139 (Wothe, Konrad); S. 142, 145 (Meinhardt, Olaf); S. 147, 150, 164, 167 (Zielske, H.& D.); S. 148 (Bücker, Stephan); S. 149 (travelstock44); S. 171 (Avalon.red2); S. 173 (Wrba, Ernst)

Shutterstock: S. 6 re., 108, 185 (Sina Ettmer Photography); S. 10 (leoks); S. 19 (Mike Mareen); S. 25 (Anton_Ivanov); S. 32 (Rudy Balasko); S. 35 (SmallWorldProduction); S. 37 (Sovereign Alliance); S. 38o., 38u. li., 159 (Alizada Studios); S. 40 (Scirocco340); S. 45 (nitpicker); S. 47 (S.Borisov); S. 50 (photo20ast); S. 53 (RudiErnst); S. 57 (by-studio); S. 60 (Massimo Santi); S. 70 (Elena Odareeva); S. 73 (Ralf Siemieniec); S. 74 (tgavrano); S. 75 (Sinuswelle); S. 76 (Andreas Nesslinger); S. 78 (Ugis Riba); S. 79, 178o. (Firn); S. 80 (Alexander Raths); S. 83 (r.classen); S. 90 (Haidamac); S. 91 (Dietmar Rauscher); S. 94 (barmalini); S. 101 (Viktory Panchenko); S. 102 (Stefano Zaccaria); S. 103 (Food Impressions); S. 105 (Simon Dux Media); S. 109 (Bjoern Wylezich); S. 114 (Mikhail Markovskiy); S. 115 (Basotxerri); S. 116 (Henry Nowick); S. 117 (ppl); S. 126 (Mano Kors); S. 127 (Copula); S. 132 (RankoMaric); S. 135 (Mariangela Cruz); S. 140/141 (PIXEL to the PEOPLE); S. 152 (albertus.penguin); S. 153 (Rafal Michal Gadomski); S. 156 (Peter Stein); S. 157 (Andrija Petrovic); S. 161 (ArTono); S. 166 (Mike Fuchslocher); S. 169 (rayjunk); S. 170 (Axel Fischer); S. 174 (Branko Srot); S. 176 (Jan Wehnert); S. 178u. li. (jorisvo); S. 183 (Oleksii Pyrogov); S. 186/187 (Gunar Dieskau); Umschlag: Koffermotiv (shutterstock / Miki022)

Impressum

Verantwortlich: Carola Holzer
Redaktion und Lektorat: Anette Späth
Layout- und Reihengestaltung: Mathias Frisch
Covergestaltung: Kaj Ritter
Satz: BUCHFLINK Rüdiger Wagner, Nördlingen
Repro: LUDWIG:media
Kartografie: Heike Block
Herstellung: Alexander Knoll
Printed in Slovenia by Flojancic

Sind Sie mit diesem Titel zufrieden? Dann würden wir uns über Ihre Weiterempfehlung freuen.
Erzählen Sie es im Freundeskreis, berichten Sie Ihrem Buchhändler, oder bewerten Sie bei Onlinekauf. Und wenn Sie Kritik, Korrekturen, Aktualisierungen haben, freuen wir uns über Ihre Nachricht an Bruckmann Verlag, Postfach 40 02 09, D-80702 München oder per E-Mail an lektorat@verlagshaus.de.

Unser komplettes Programm finden Sie unter www.bruckmann.de

Alle Angaben dieses Werkes wurden von der Autorin sorgfältig recherchiert und auf den neuesten Stand gebracht sowie vom Verlag geprüft. Für die Richtigkeit der Angaben kann jedoch keine Haftung übernommen werden, weshalb die Nutzung auf eigene Gefahr erfolgt. Insbesondere bei GPS-Daten können Abweichungen nicht ausgeschlossen werden. Sollte dieses Werk Links auf Webseiten Dritter enthalten, so machen wir uns die Inhalte nicht zu eigen und übernehmen für die Inhalte keine Haftung.
In diesem Buch wird aus Gründen der besseren Lesbarkeit das generische Maskulinum verwendet. Weibliche und anderweitige Geschlechteridentitäten werden dabei ausdrücklich mitgemeint, soweit es für die Aussage erforderlich ist.

Vorderseite v.o.l.n.u: Fenster im Von-Hoeveln-Gang in Lübeck, Schleswig-Holstein (mauritius/12996928); die Regnitz mit dem alten Rathaus in Bamberg (mauritius images / Westend61 / pure passion photography); abendliche Stimmung in Stuttgart am Schlossplatz (mauritius images / Bruno Kickner).
Rückseite v.l.n.r.u.: Beeindruckendes Bergpanorama um Berchtedgaden herum; Blick über Freiburg im Breisgau; Tucholskys »Wien am Rhein«: Heidelberg mit der Alten Brücke und der Schlossruine; der Stintmarkt in Lüneburg.

Die Deutsche Nationalbibliothek verzeichnet diese Publikation in der Deutschen Nationalbibliografie; detaillierte bibliografische Daten sind im Internet über http://dnb.d-nb.de abrufbar.

ISBN: 978-3-7343-2313-3